CÓMO DIBUJAR
VOLUMEN - 02

ISBN: 9798338412572
© Originale Educ. Todos los derechos reservados.
Ninguna parte de esta publicación puede ser reproducida, distribuida o transmitida en cualquier formato o por cualquier medio, ya sea fotocopia, grabación u otros métodos electrónicos o mecánicos, sin el permiso previo por escrito del editor, excepto breves citas en el contexto de una reseña crítica y algunos otros usos no comerciales autorizados por la ley de derechos de autor.

SUMARIO

INTRODUCCIÓN……………………..3

RETRATOS……………………..4 - 6

SILUETAS ……………………..7 - 15

ANIMALES ……………………. 16 - 55

MEDIO DE TRANSPORTE …… 56 - 61

OBJETOS …………………….. 62 - 95

CASTILLOS ……………….. 96 - 98

FLORES …………………….. 99 - 104

INTRODUCCIÓN

Dibujar es una forma de liberar tu creatividad y expresarte de manera visual. Tras el éxito de nuestro primer volumen, nos complace presentarte «Cómo dibujar 101 proyectos paso a paso - Volumen 02». Este nuevo volumen continúa la aventura, ofreciéndote aún más proyectos emocionantes para dibujar, paso a paso. Ya seas un niño, un adolescente o un adulto principiante, este libro es para ti.

Encontrarás instrucciones claras y detalladas para dibujar una nueva gama de objetos, incluidos animales, paisajes, personajes, vehículos y mucho más. Cada proyecto está diseñado para realizarse en varios pasos simples, de modo que puedas aprender a dibujar gradualmente, a tu propio ritmo.

Además, las ilustraciones y fotos en cada etapa te guiarán a lo largo del proceso de dibujo, permitiéndote seguir fácilmente las instrucciones y obtener resultados satisfactorios.

Este libro está diseñado para fortalecer aún más tu confianza en ti mismo y estimular tu creatividad. Al combinar los conocimientos adquiridos en ambos volúmenes, podrás explorar más tu pasión por el dibujo y perfeccionar tus habilidades. Así que toma tu lápiz y tu bloc de dibujo, y prepárate para enriquecer tu talento artístico con «Cómo dibujar 101 proyectos paso a paso - Volumen 02».

Aquí tienes 5 consejos para mejorar tu dibujo:

Practica con frecuencia: La práctica es la clave para mejorar tu dibujo. Intenta dibujar regularmente para ganar experiencia y habilidades.

Estudia las formas y proporciones: Entender las formas y proporciones de los objetos que dibujas es esencial para representarlos de manera realista.

Utiliza referencias: Tener imágenes de referencia a mano puede ayudar mucho a dibujar objetos, animales y personas de manera realista.

Sé creativo: No dudes en probar nuevas técnicas y ser creativo con tu dibujo. Esto te ayudará a desarrollar tu propio estilo y a mejorar tus habilidades.

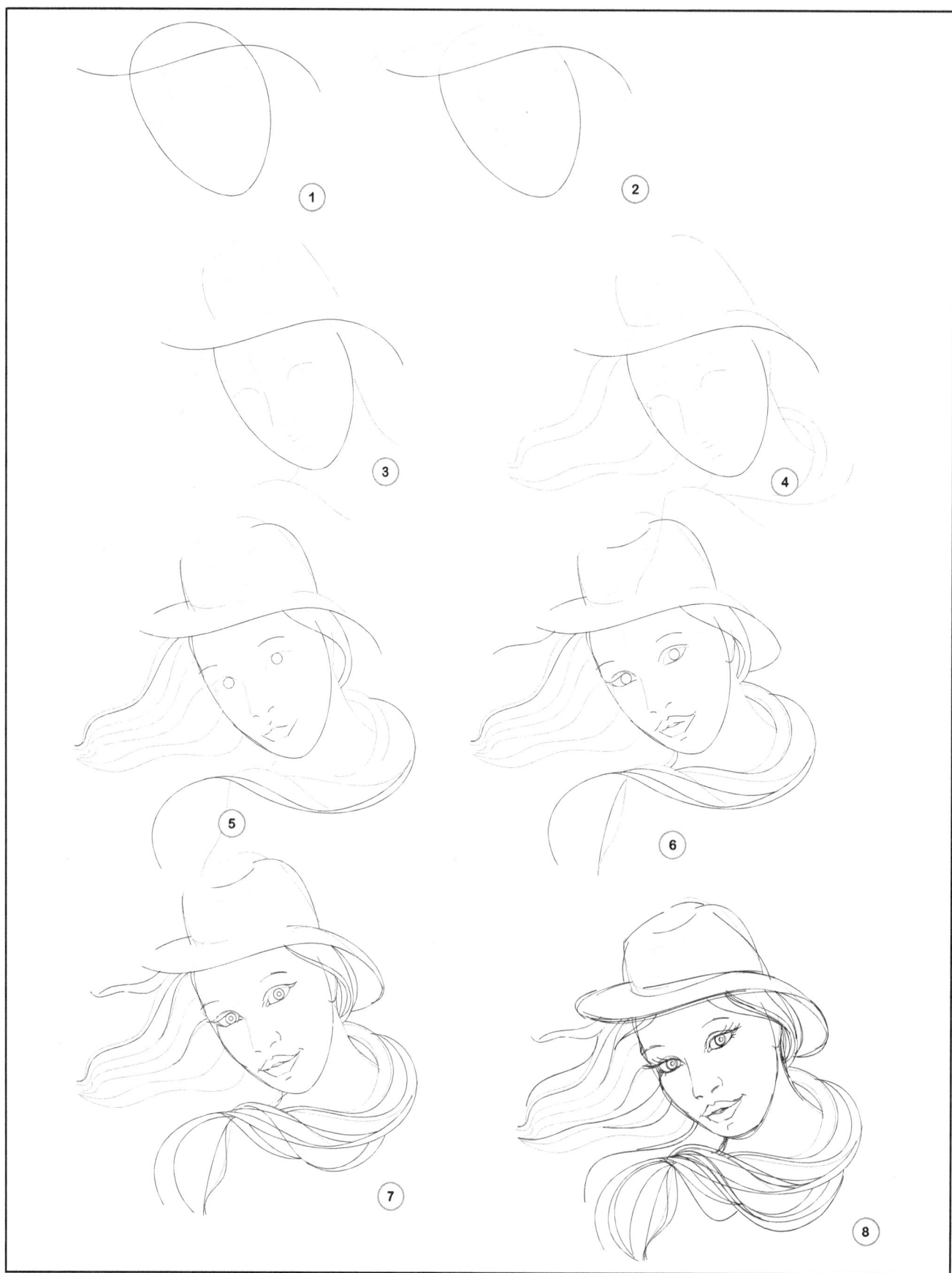

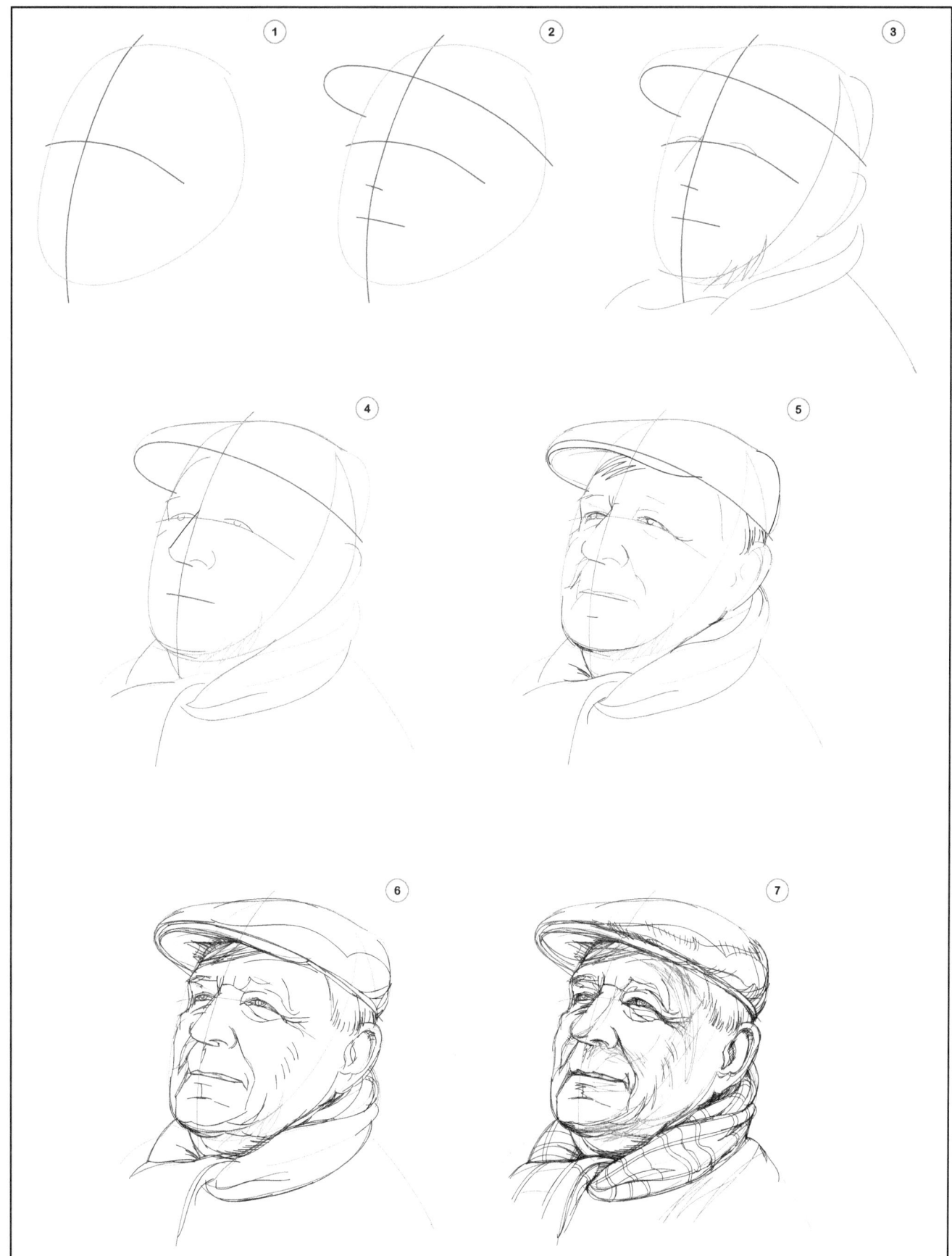

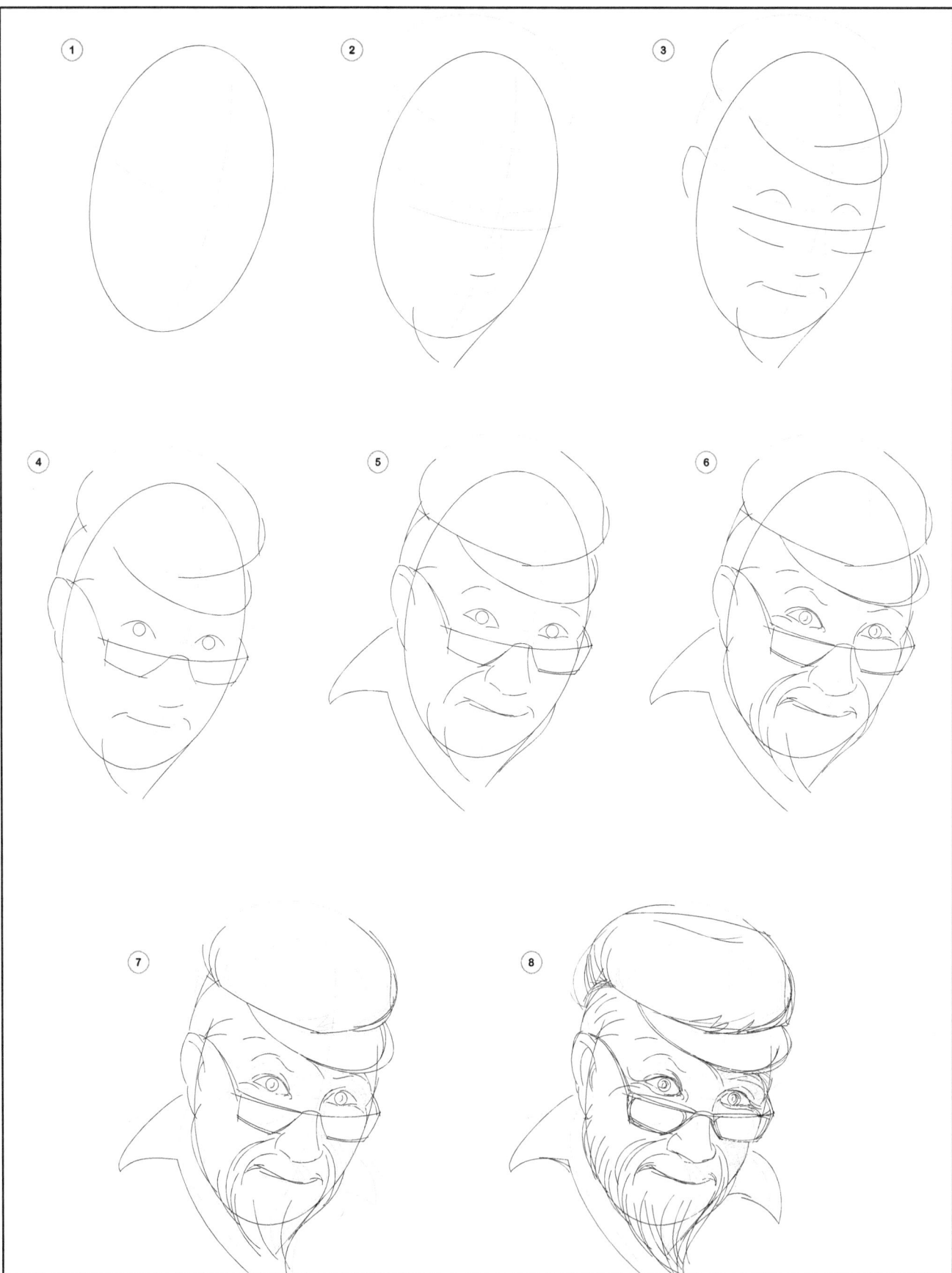

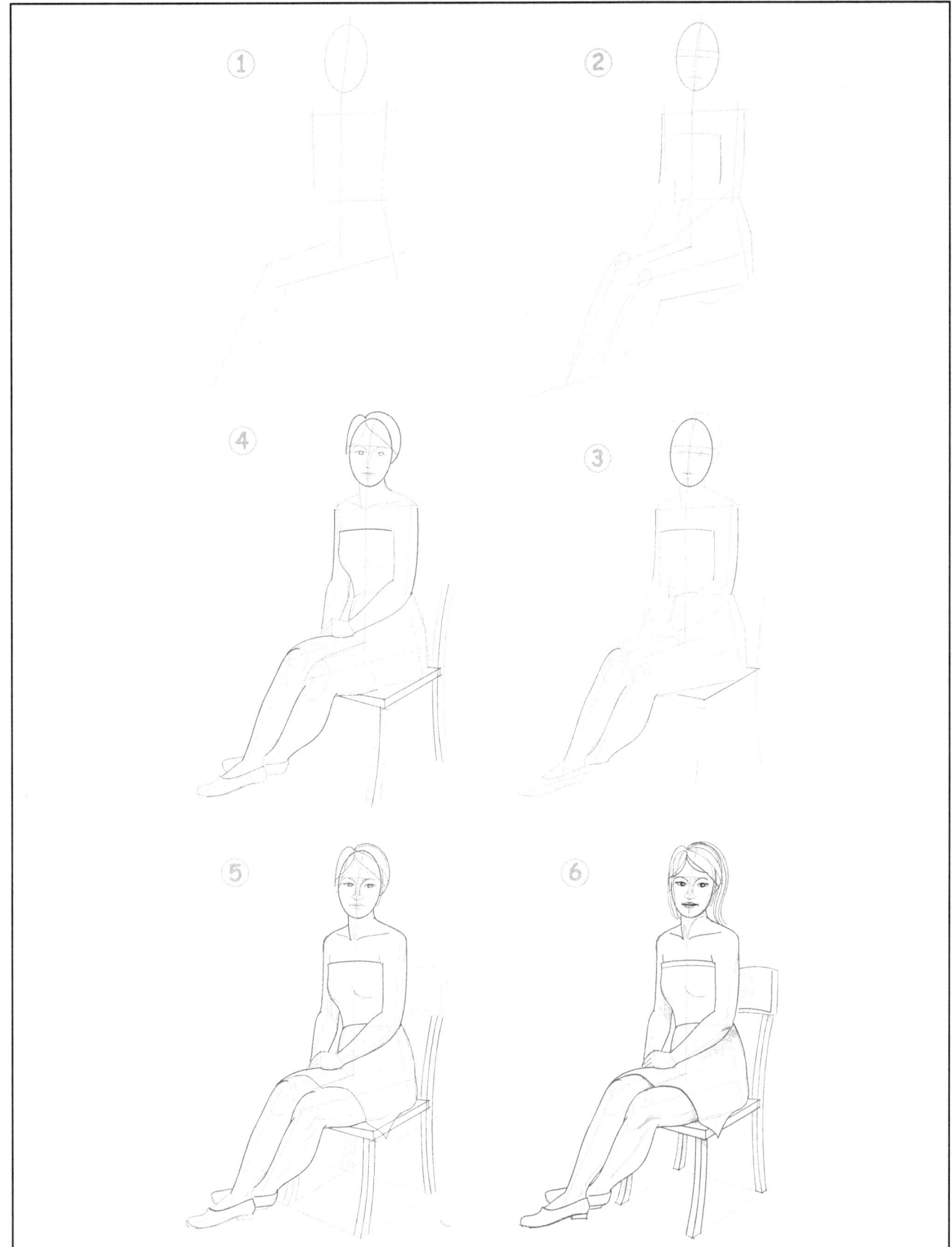

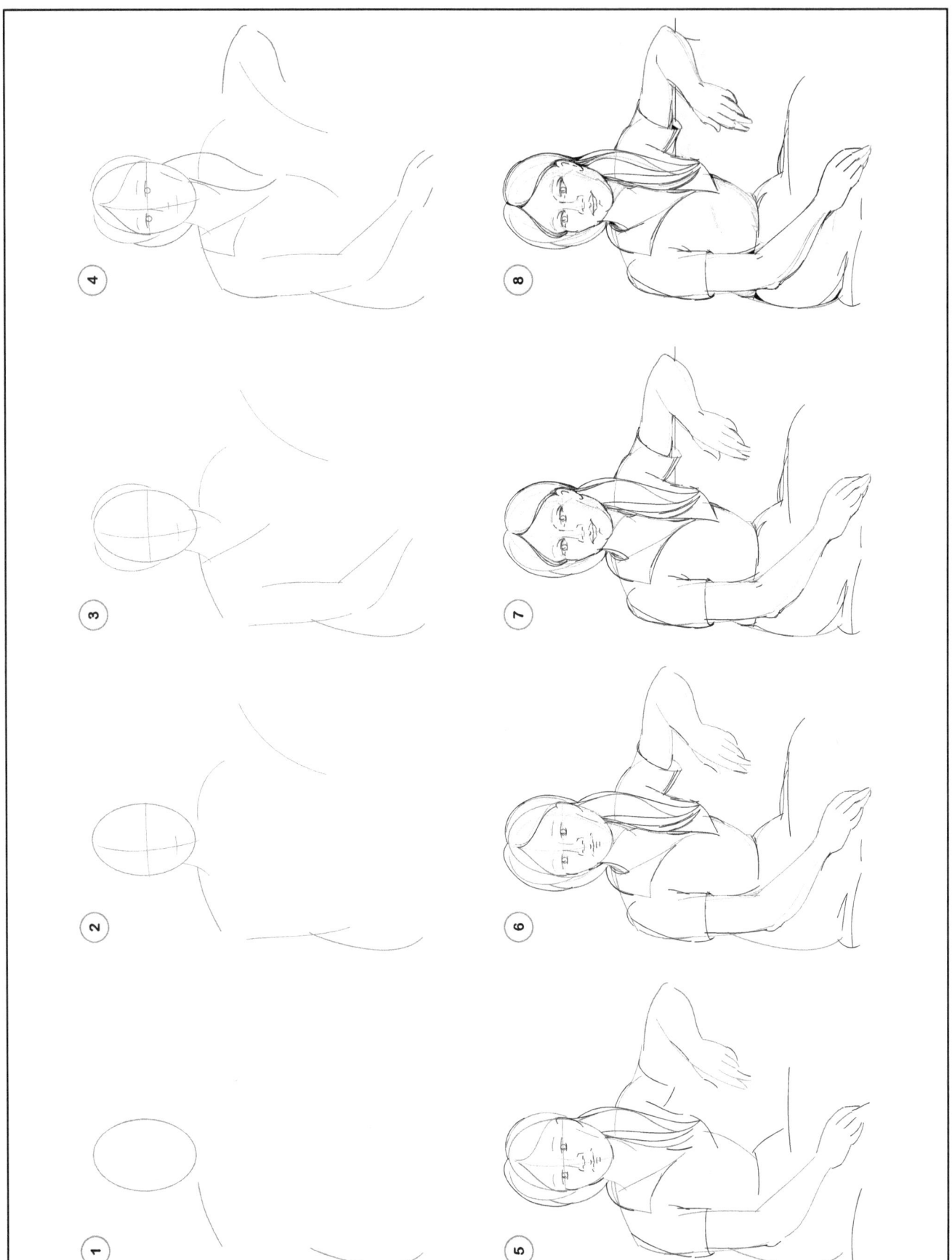

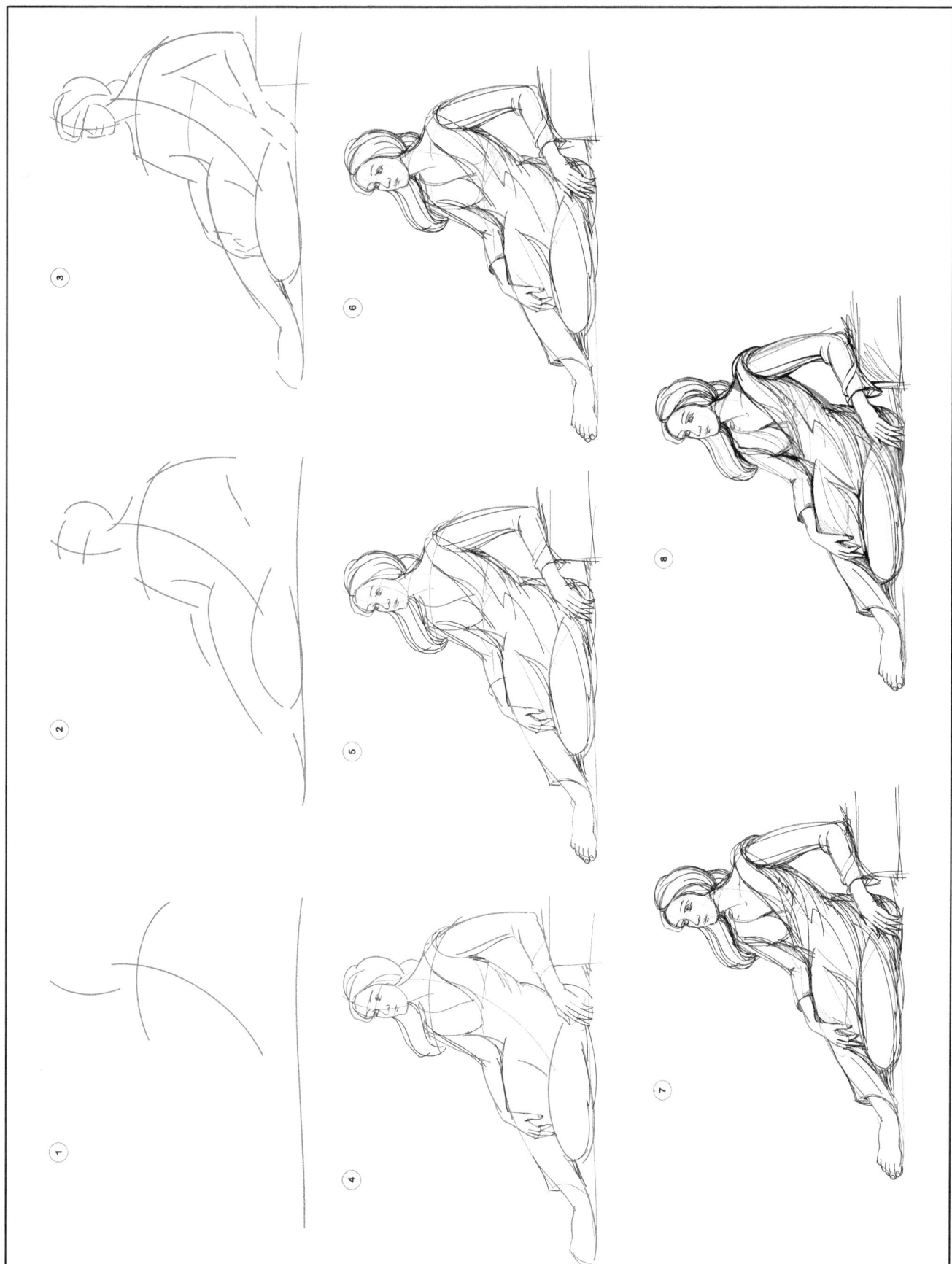

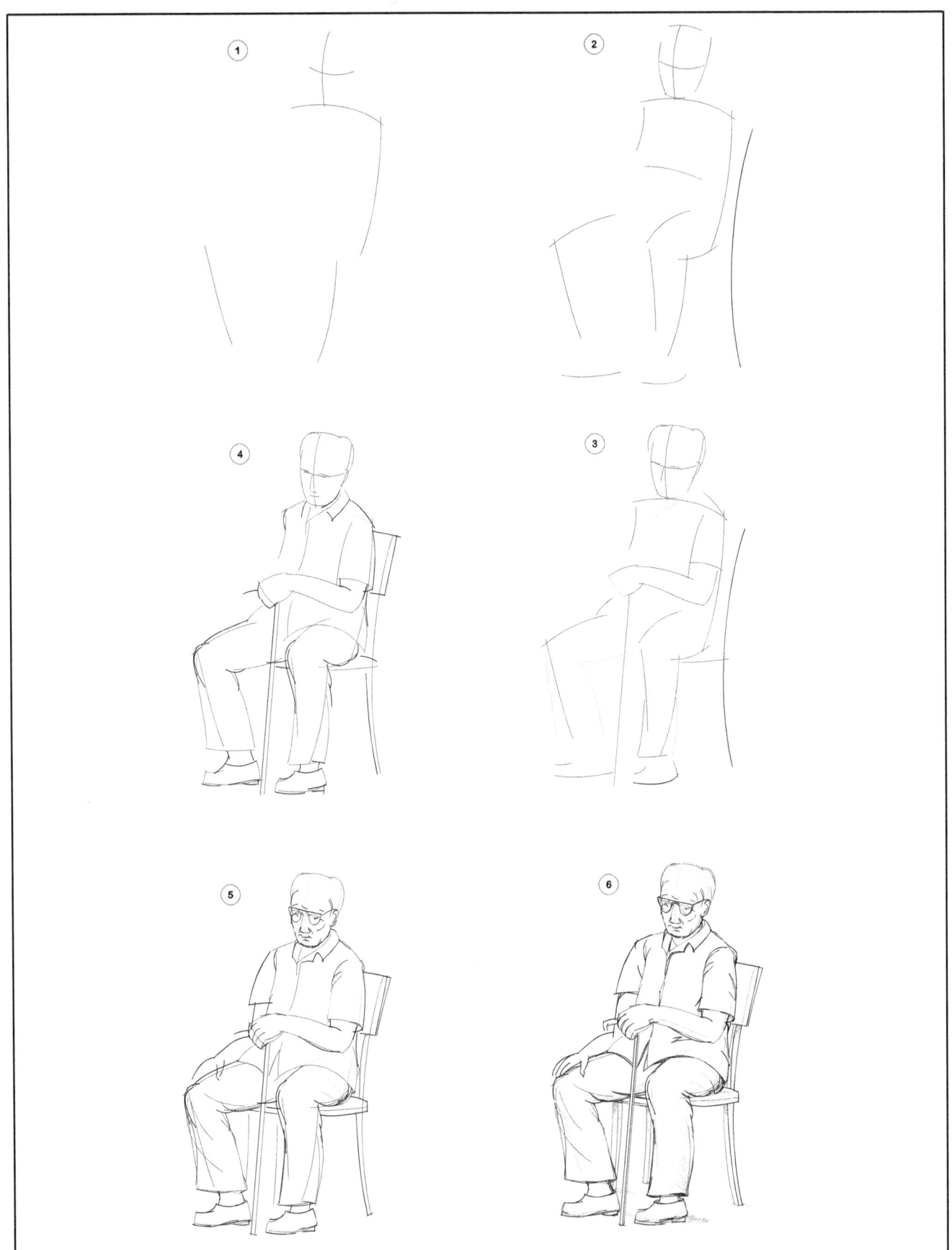

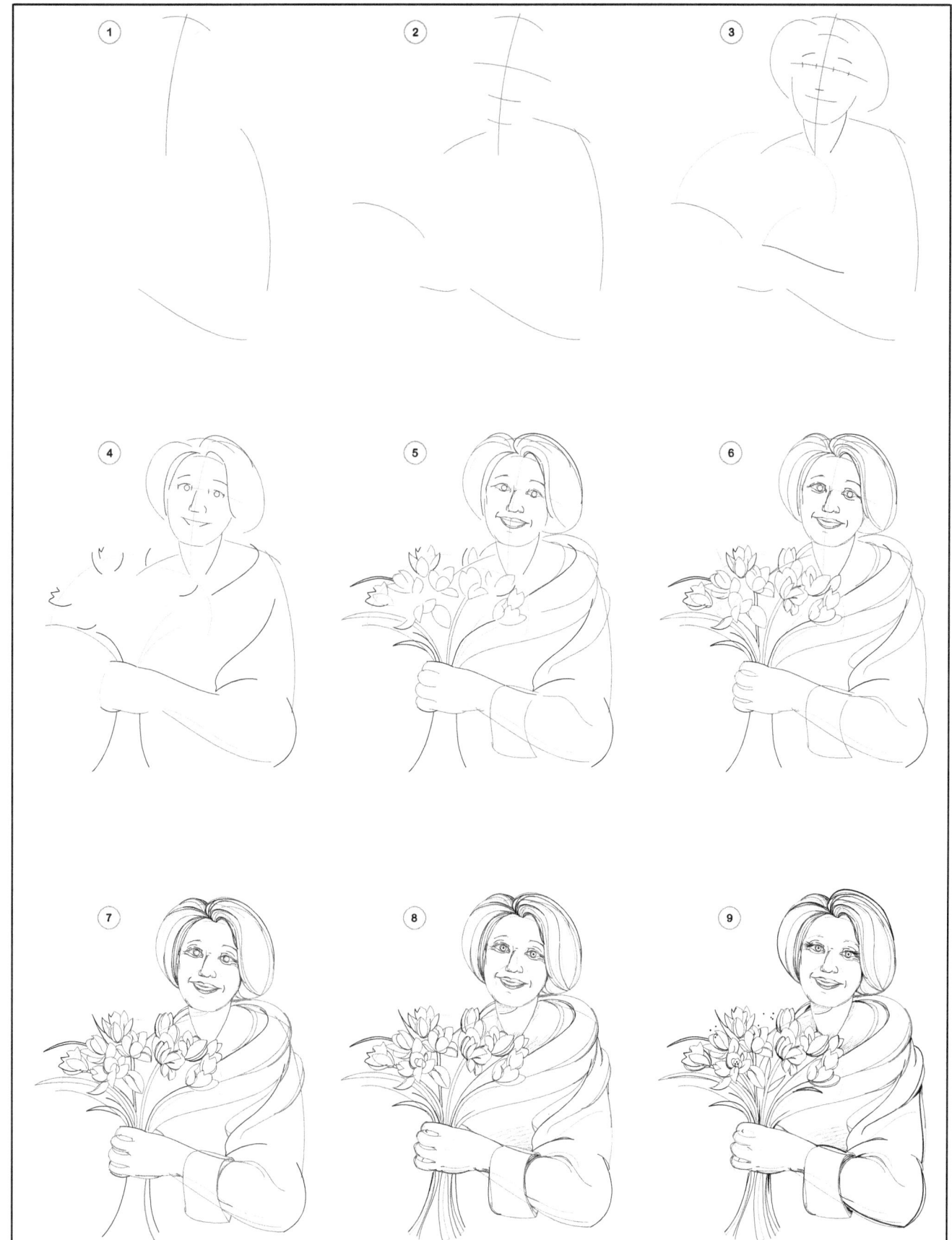

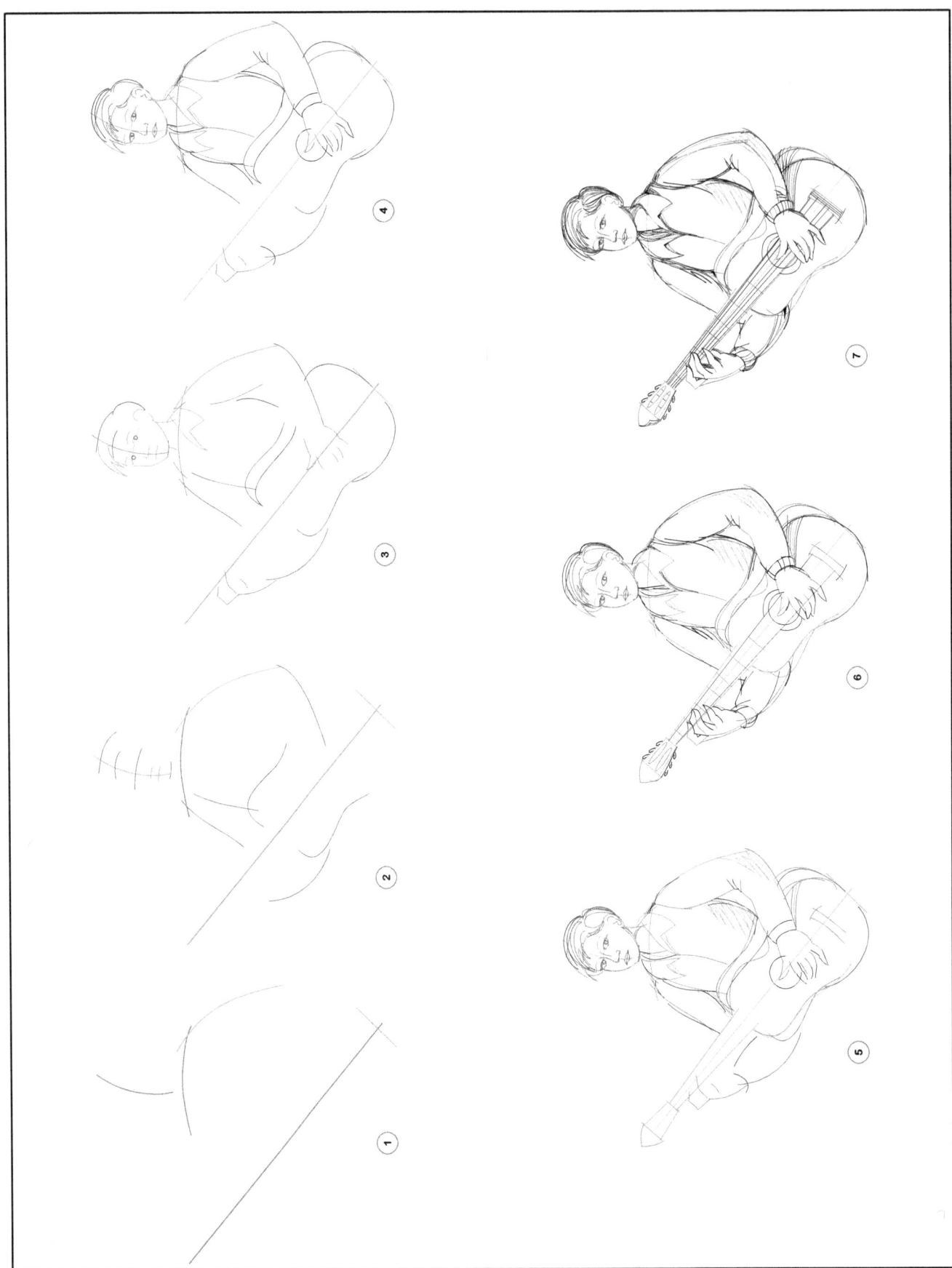

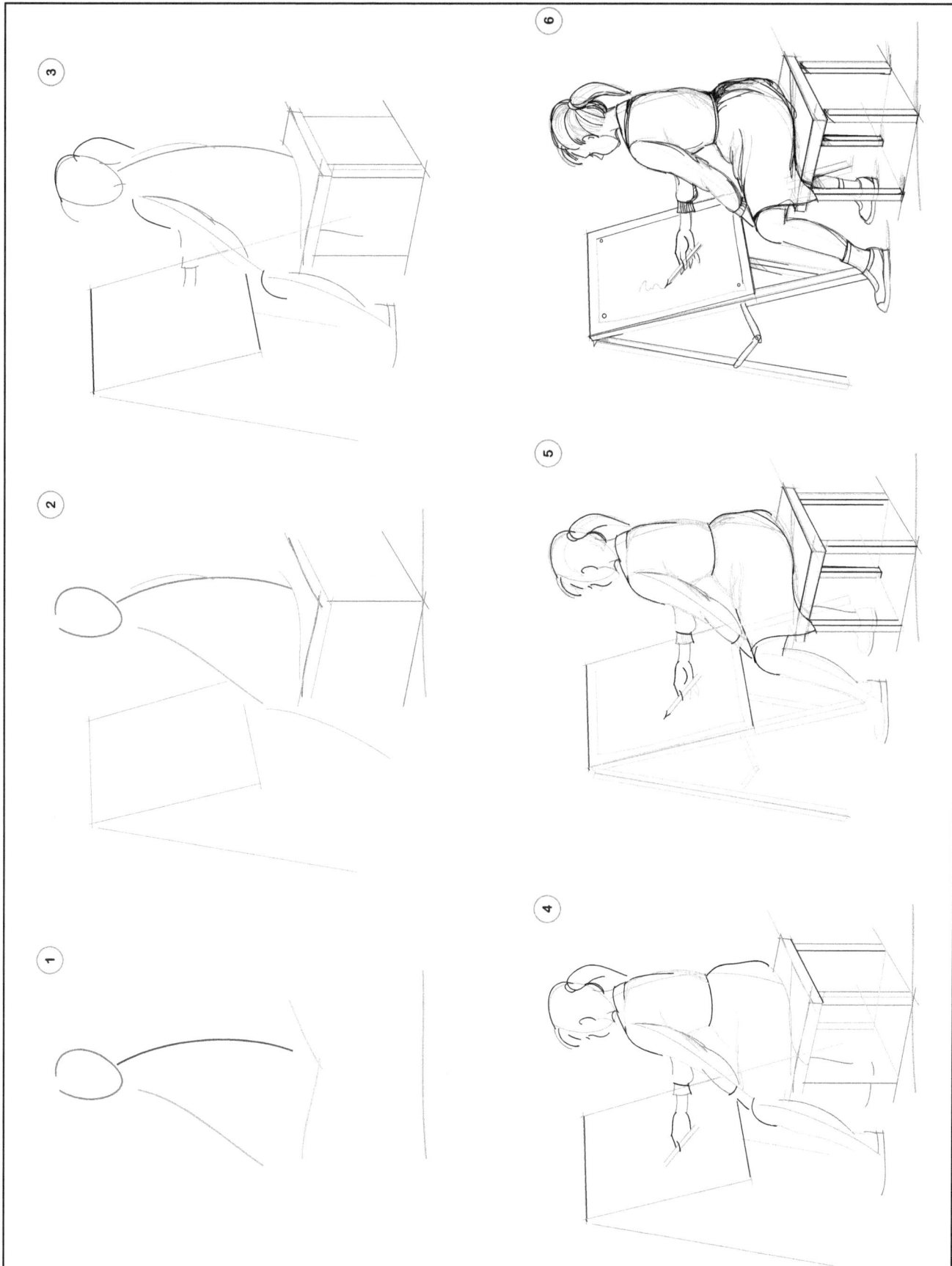

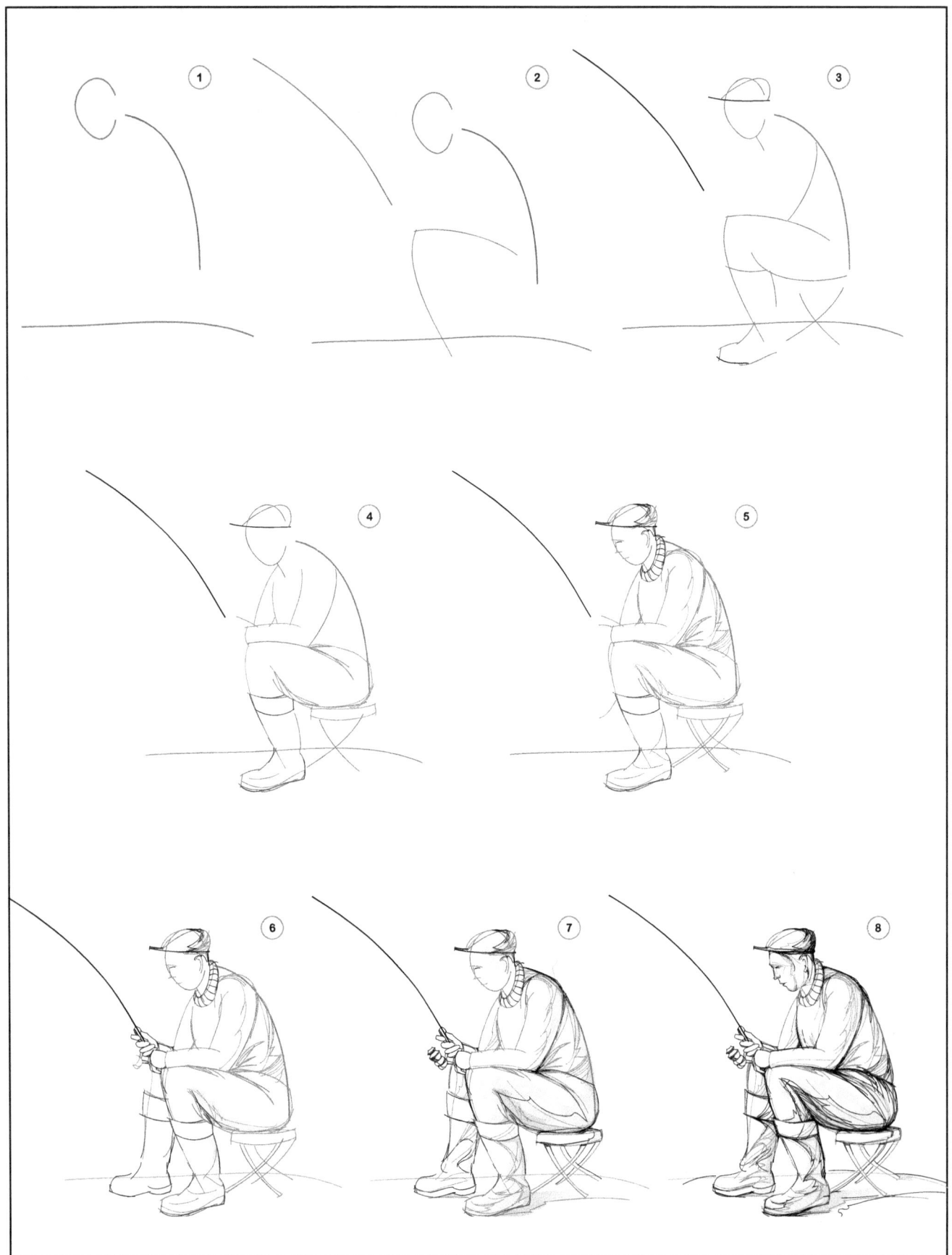

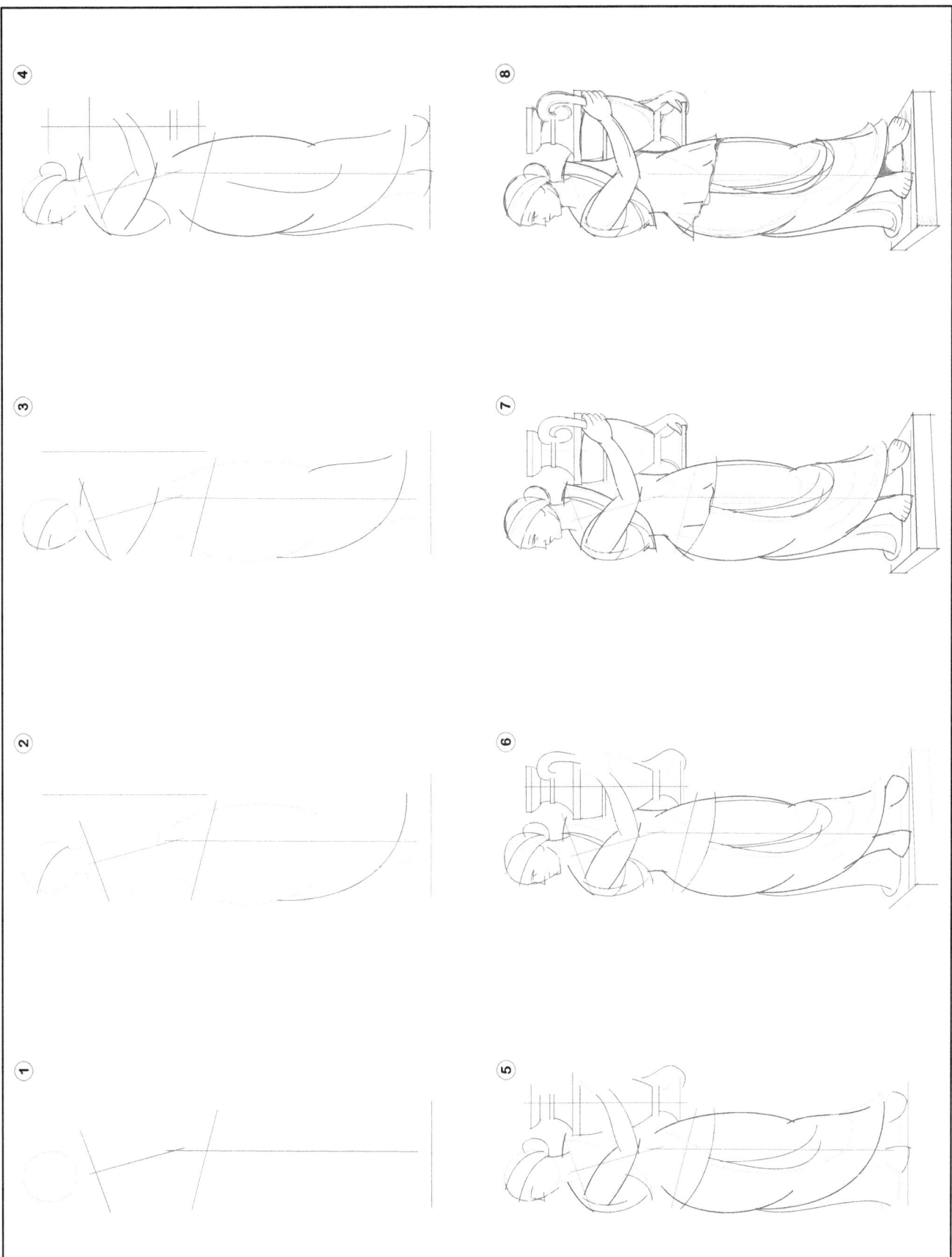

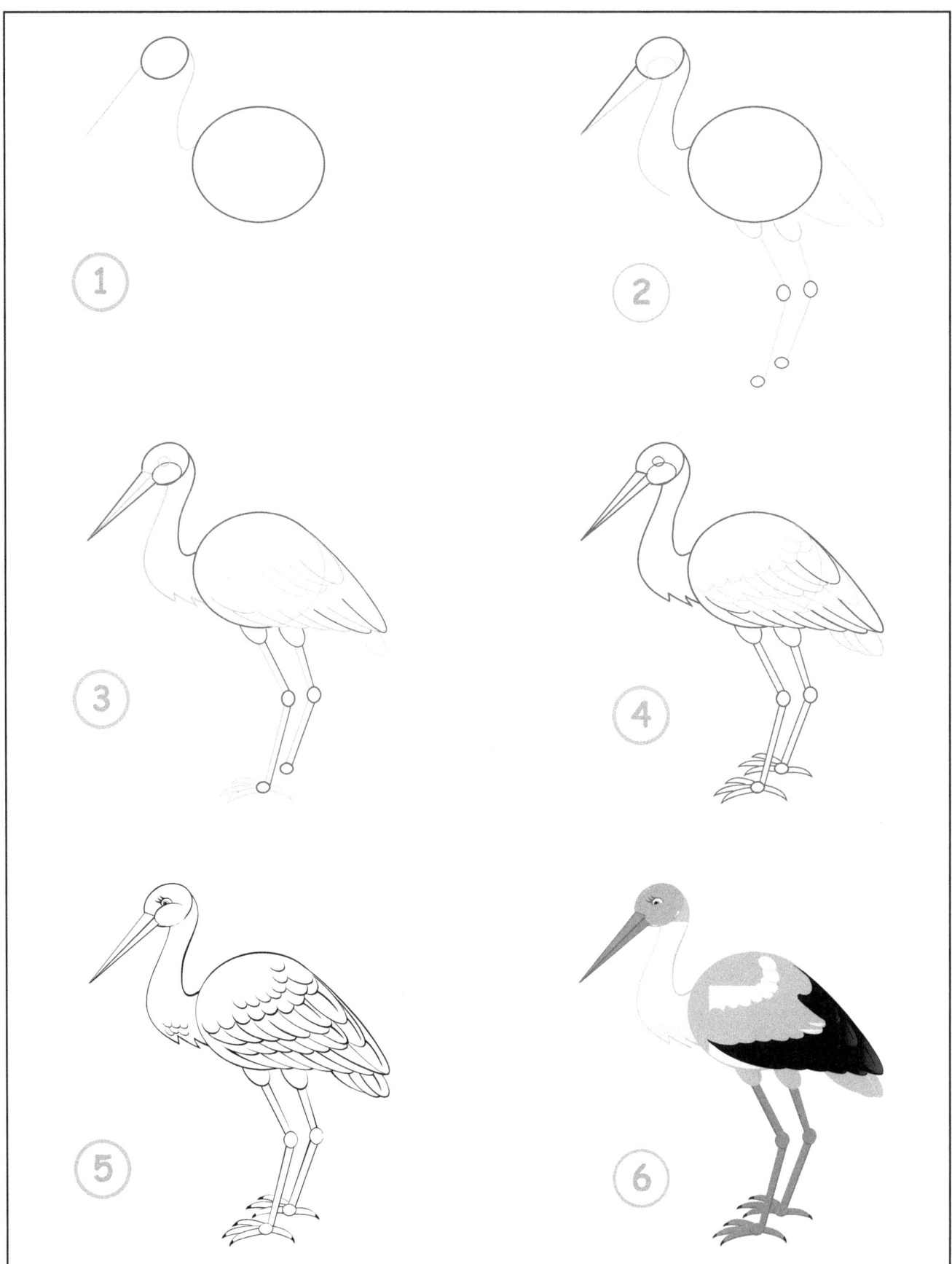

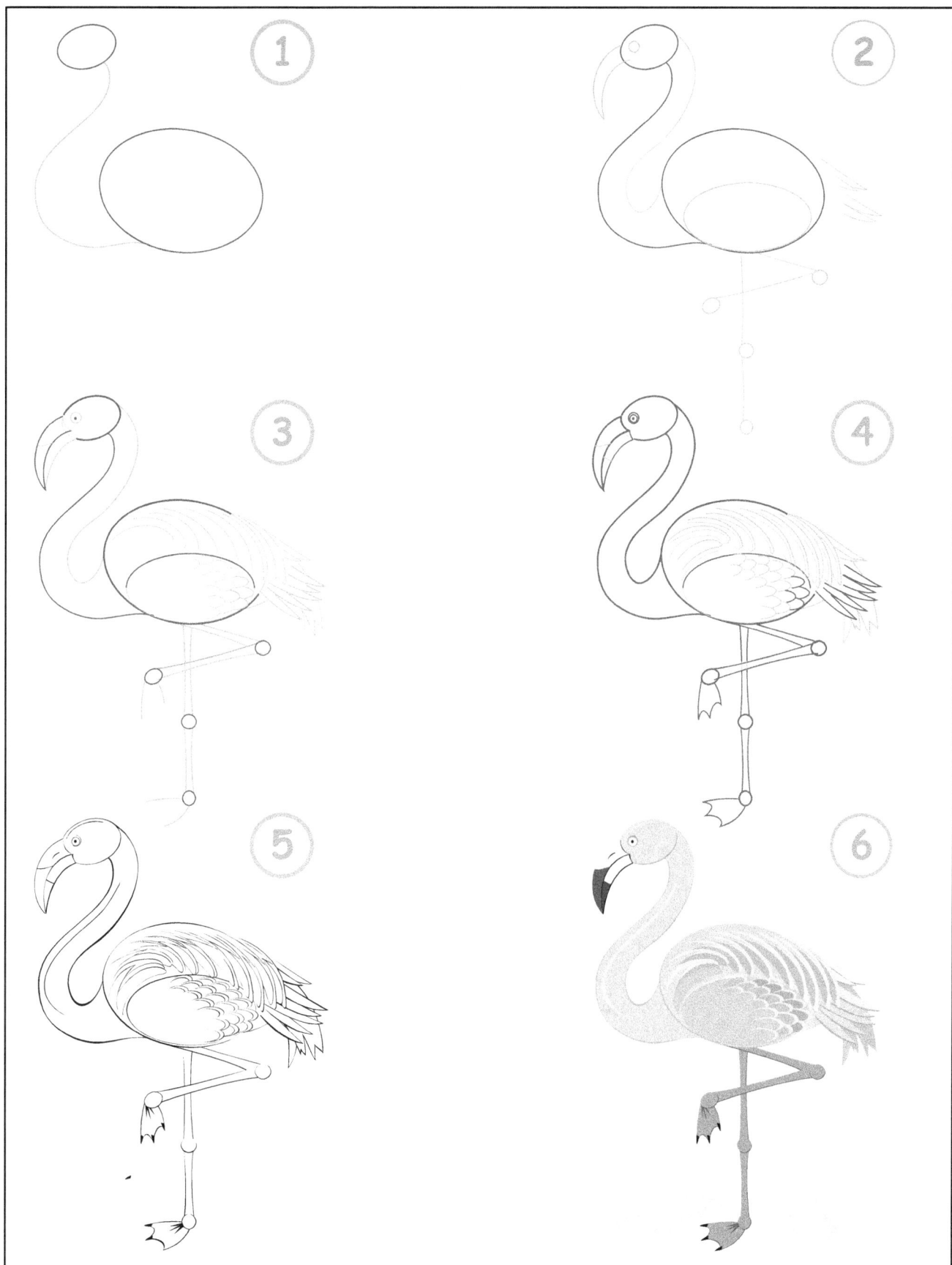

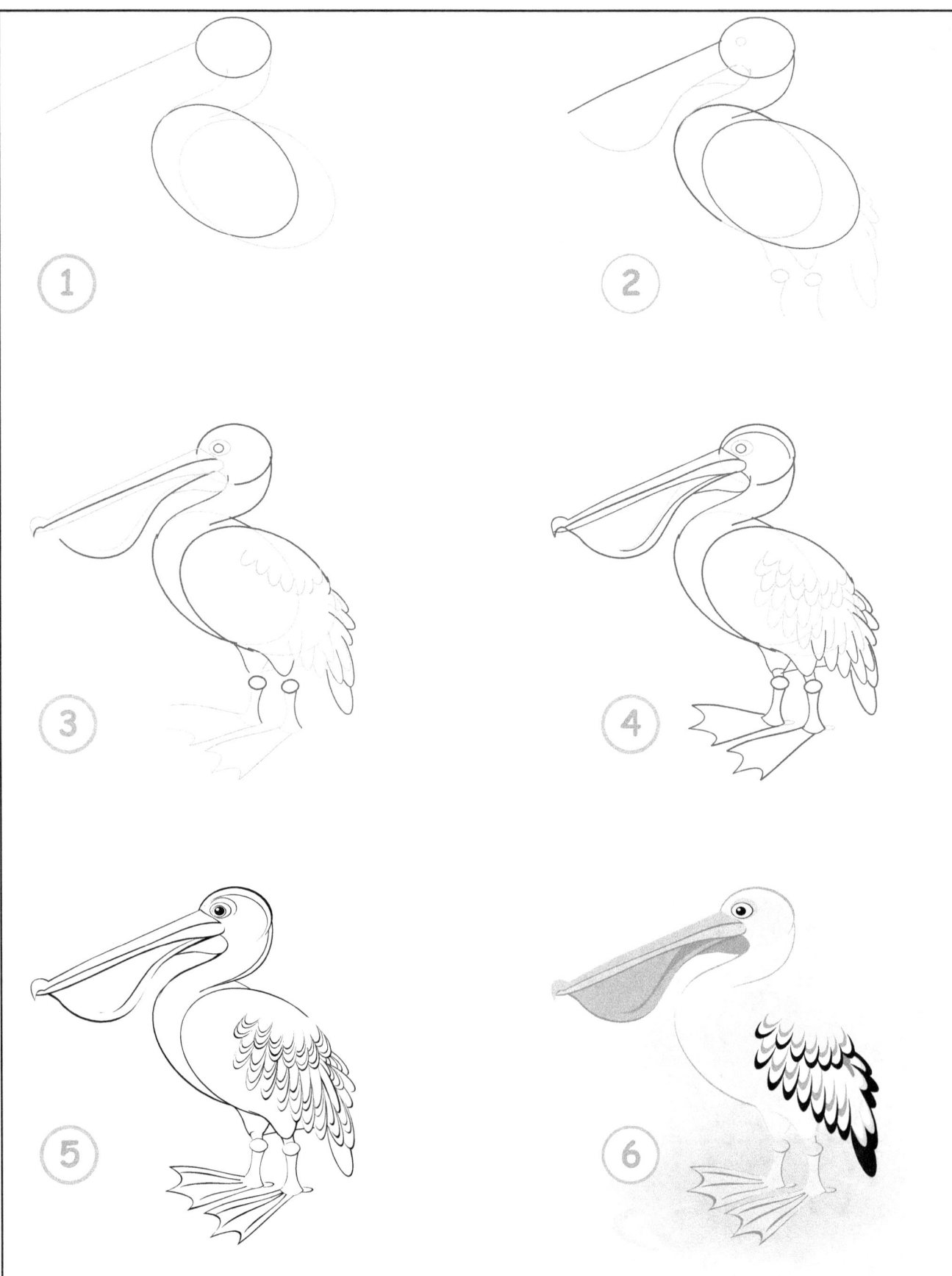

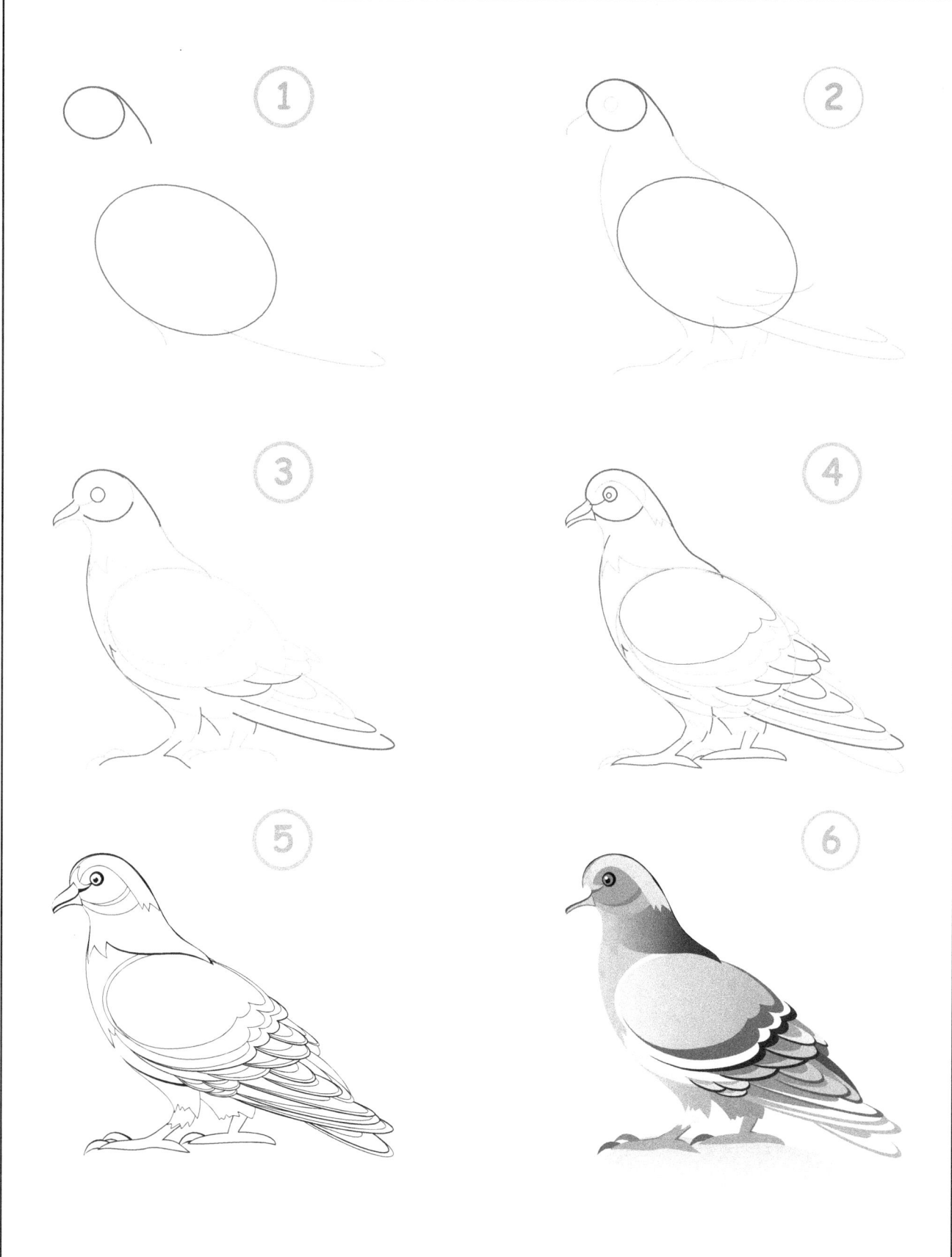

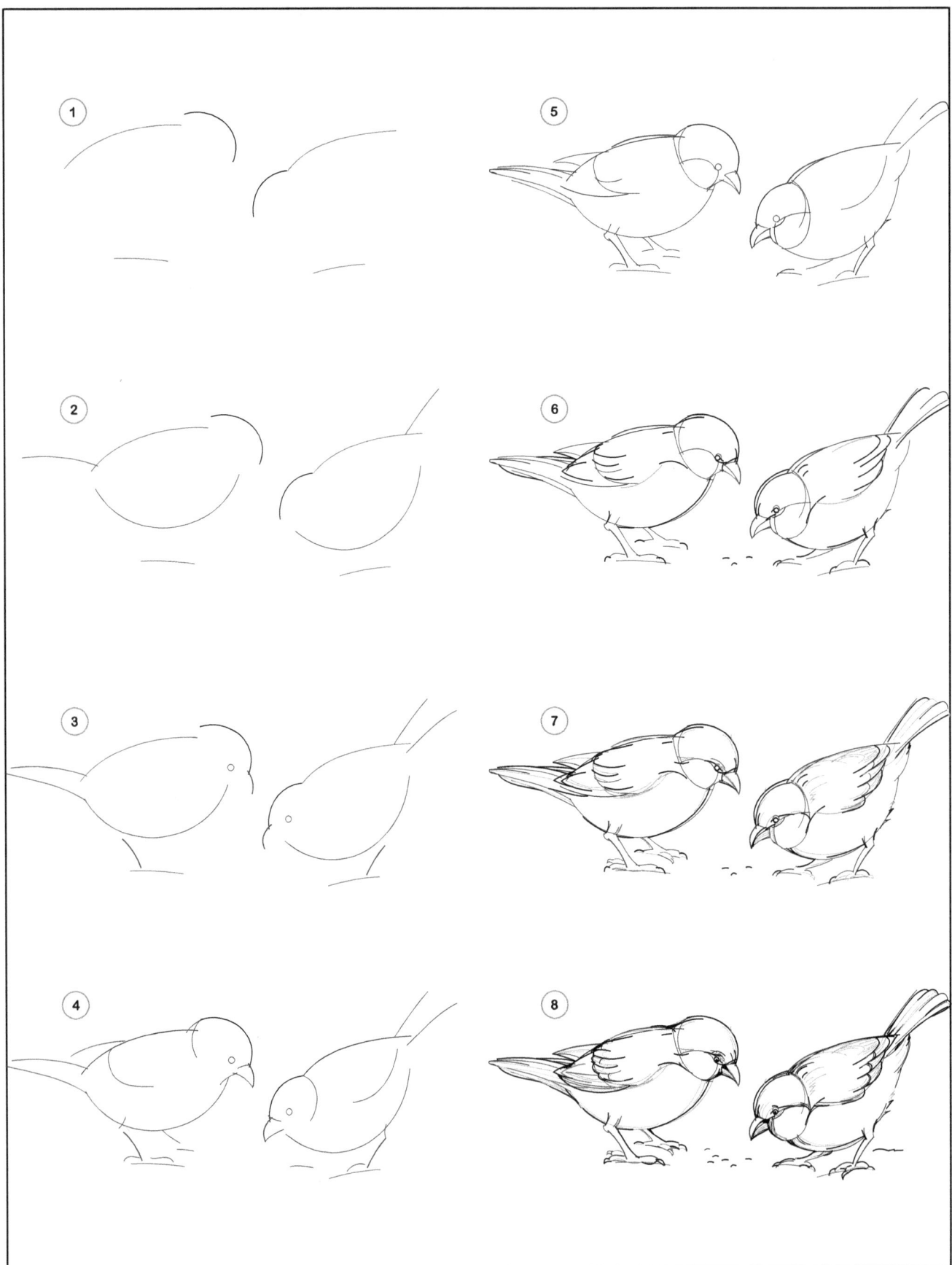

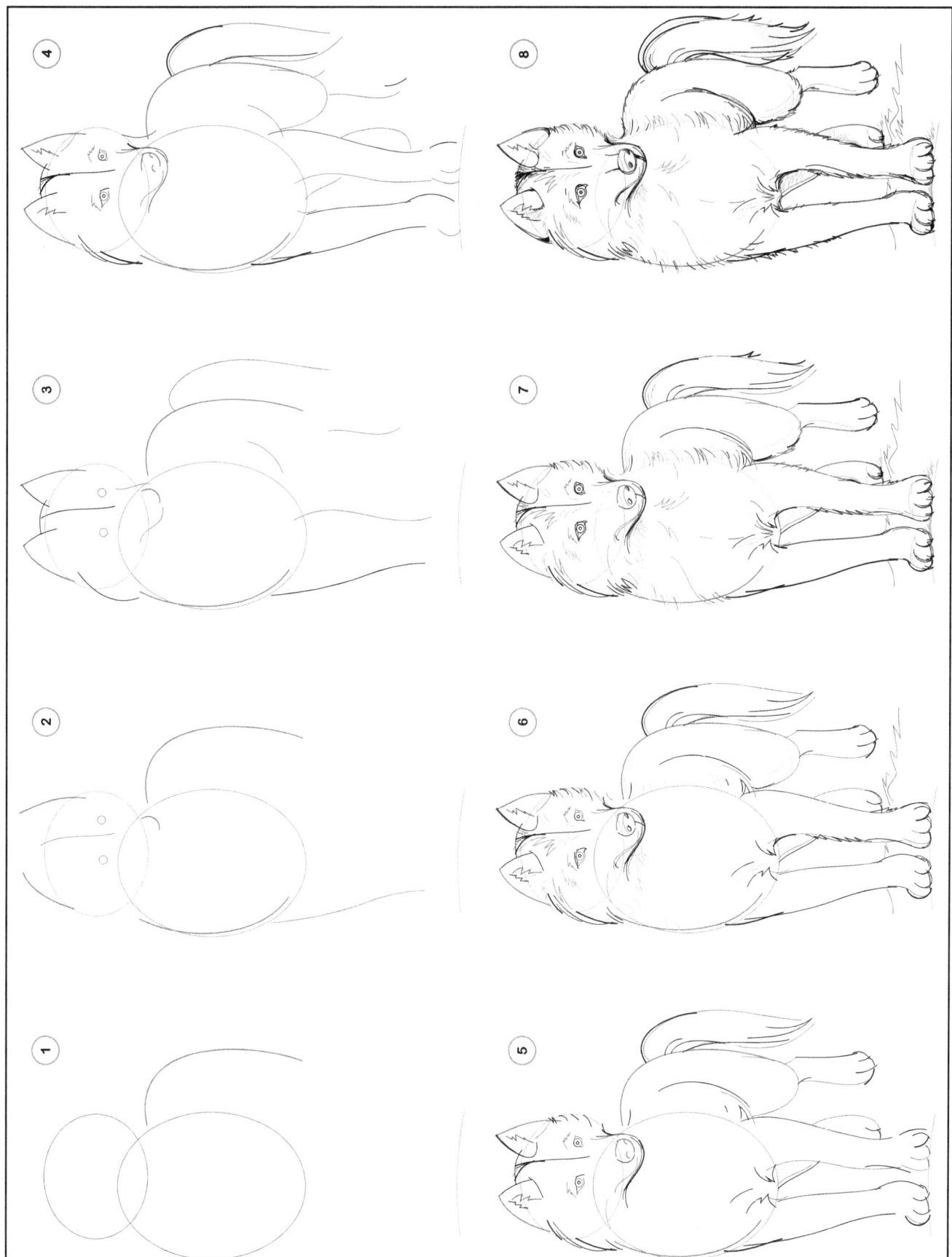

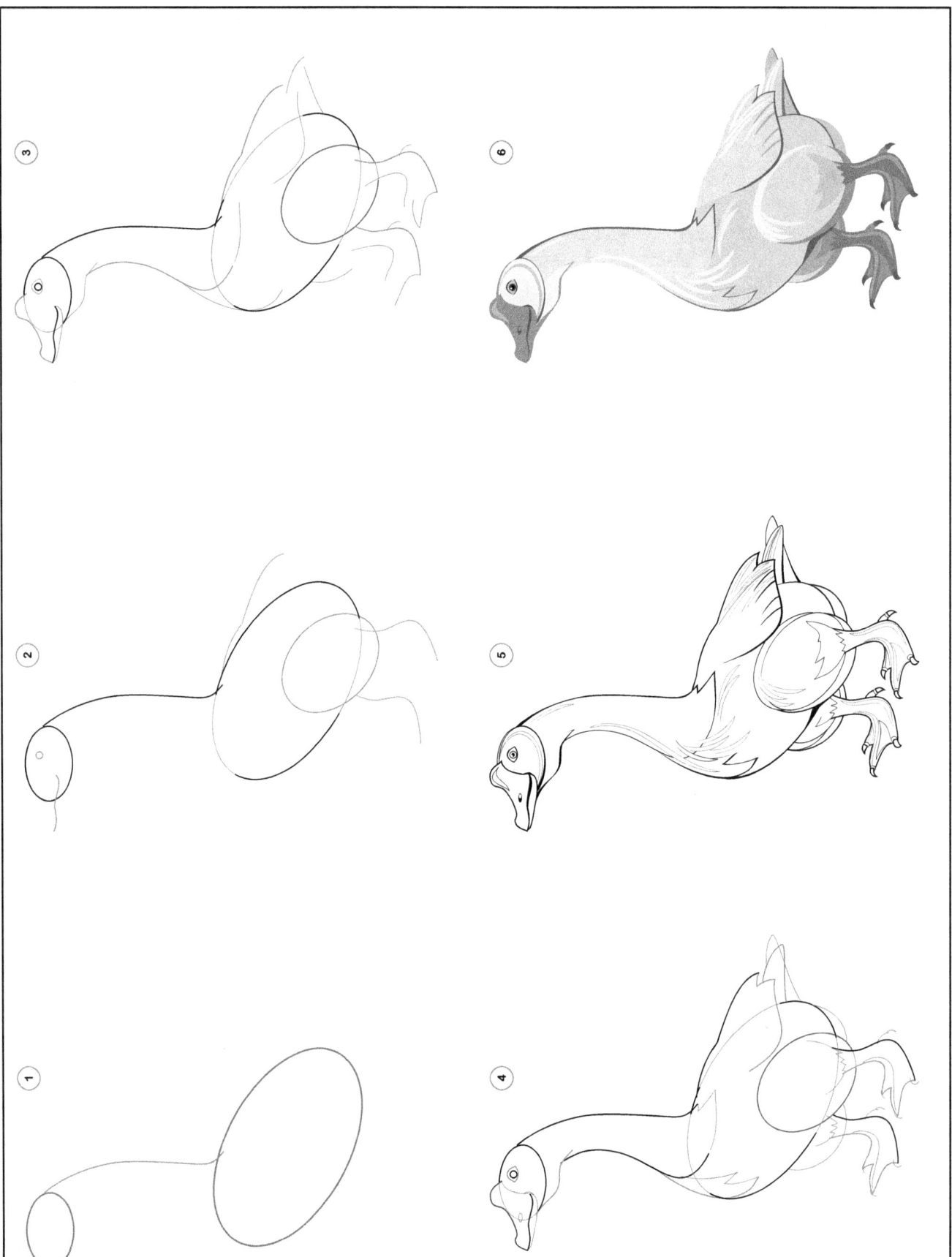

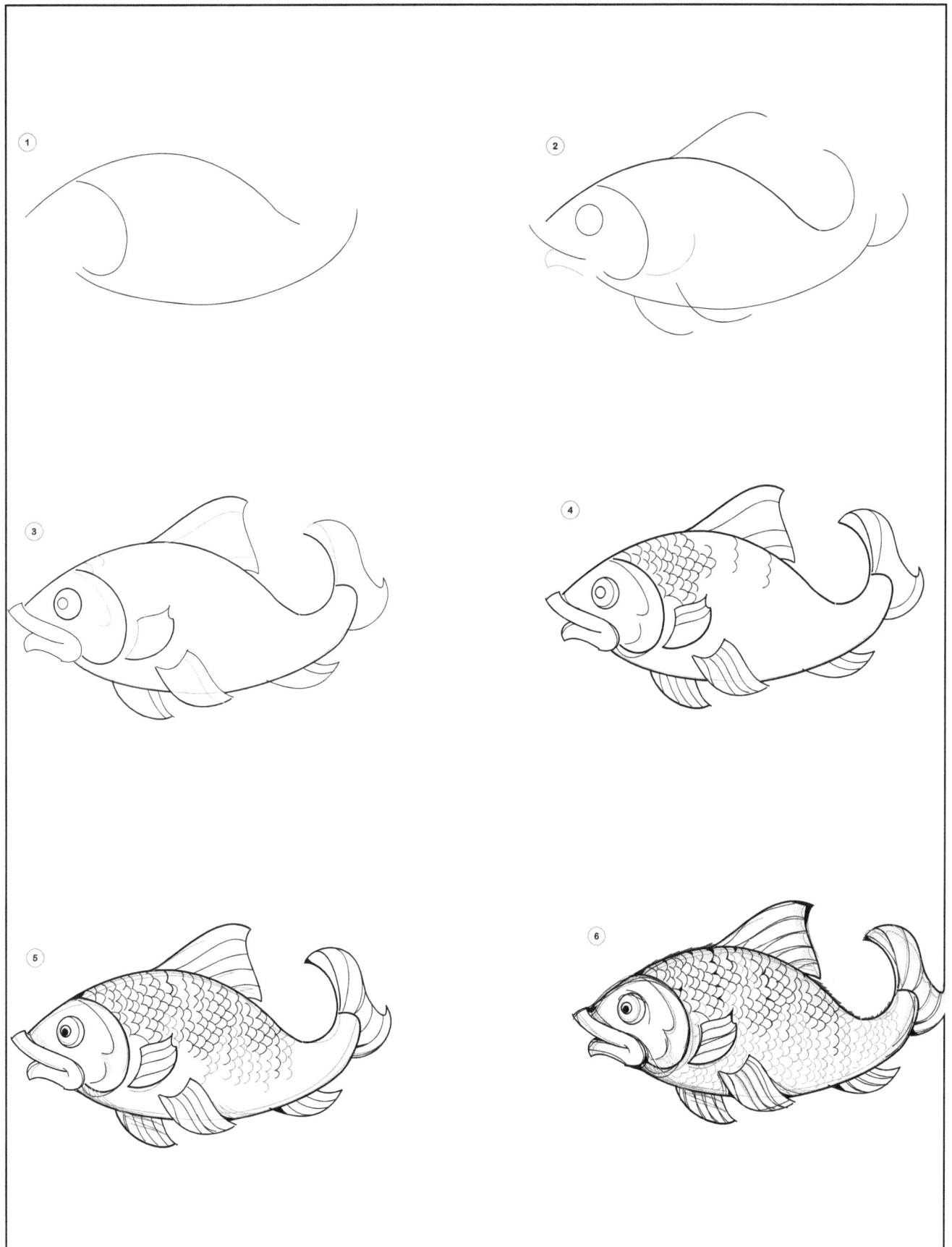

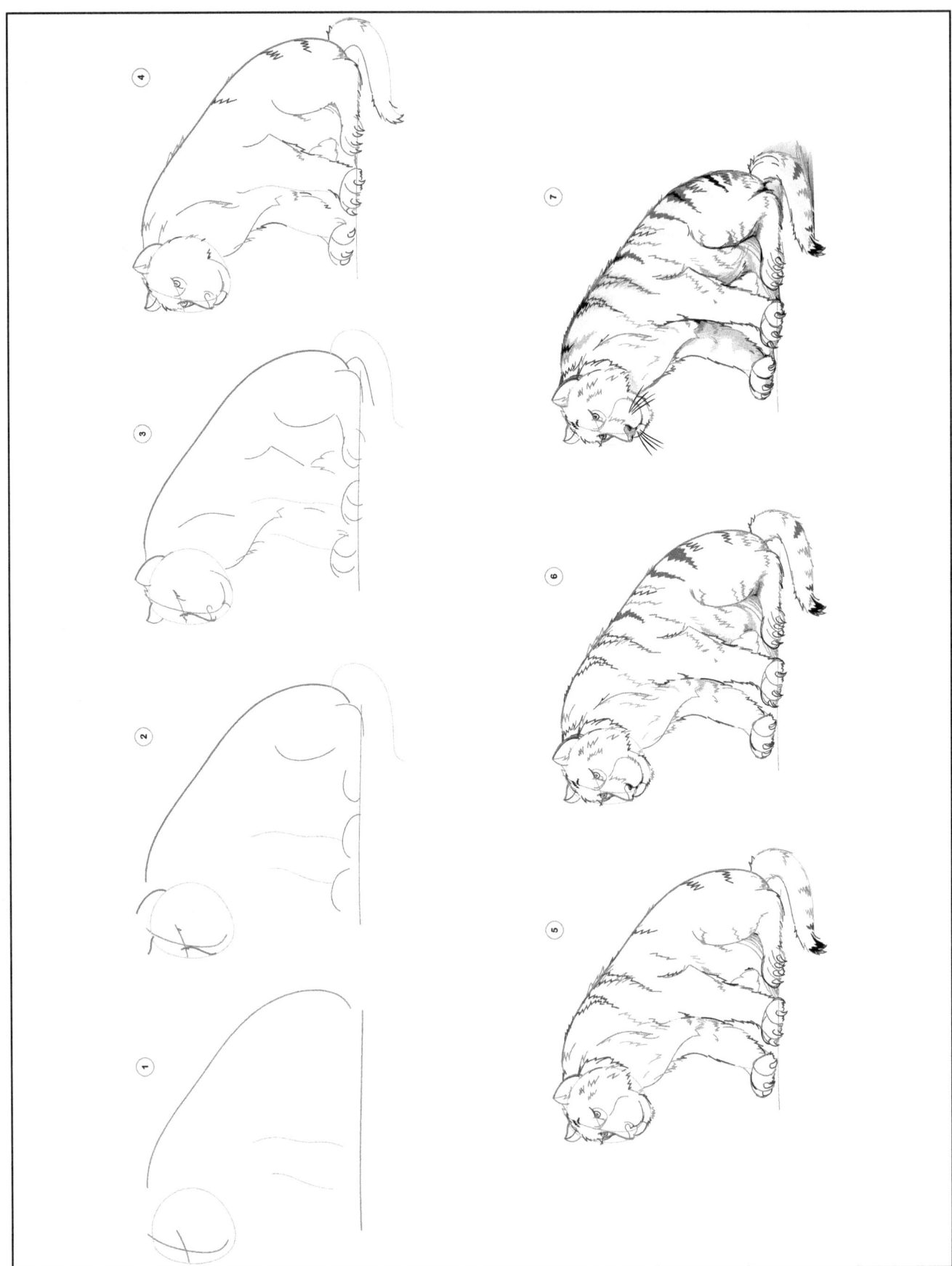

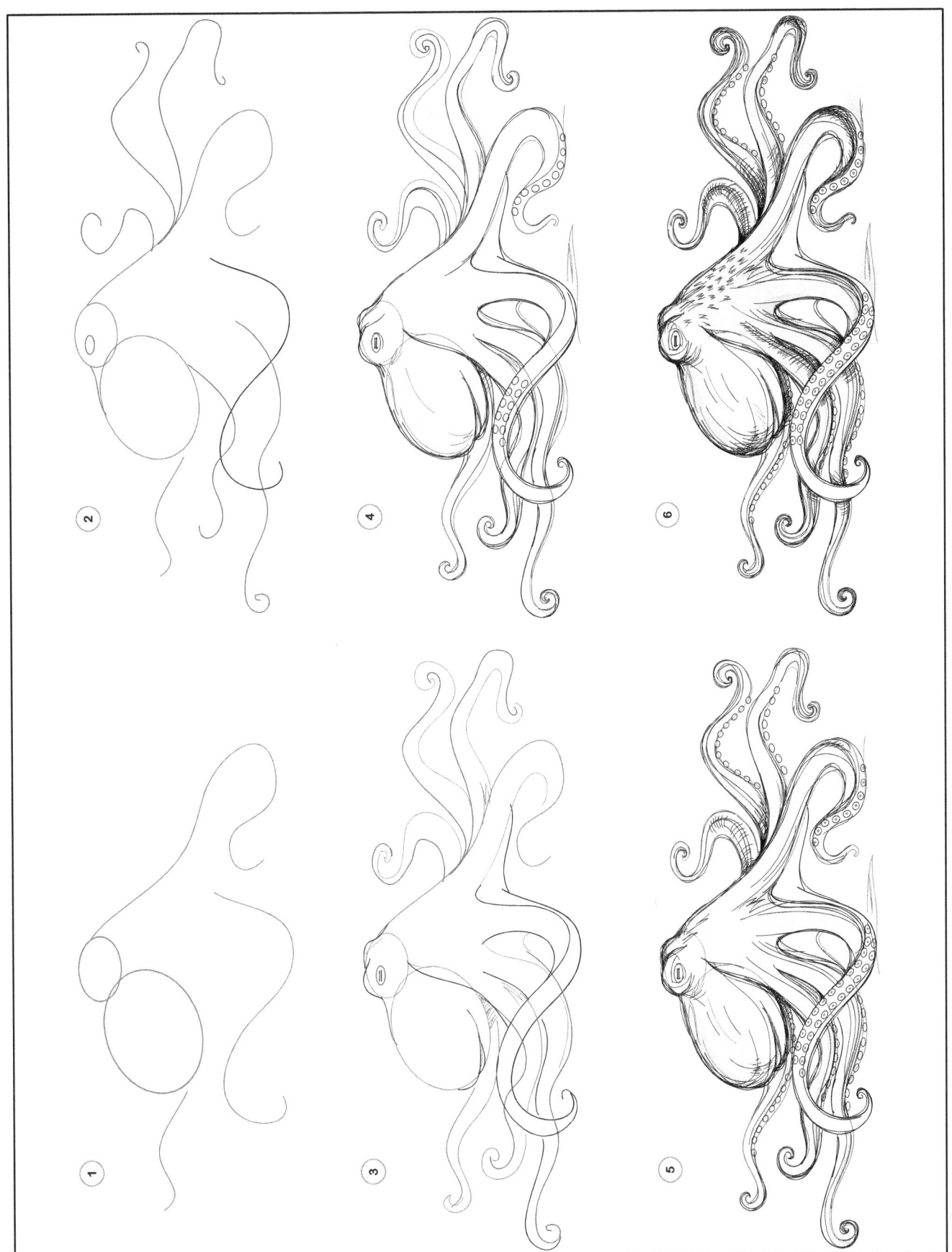

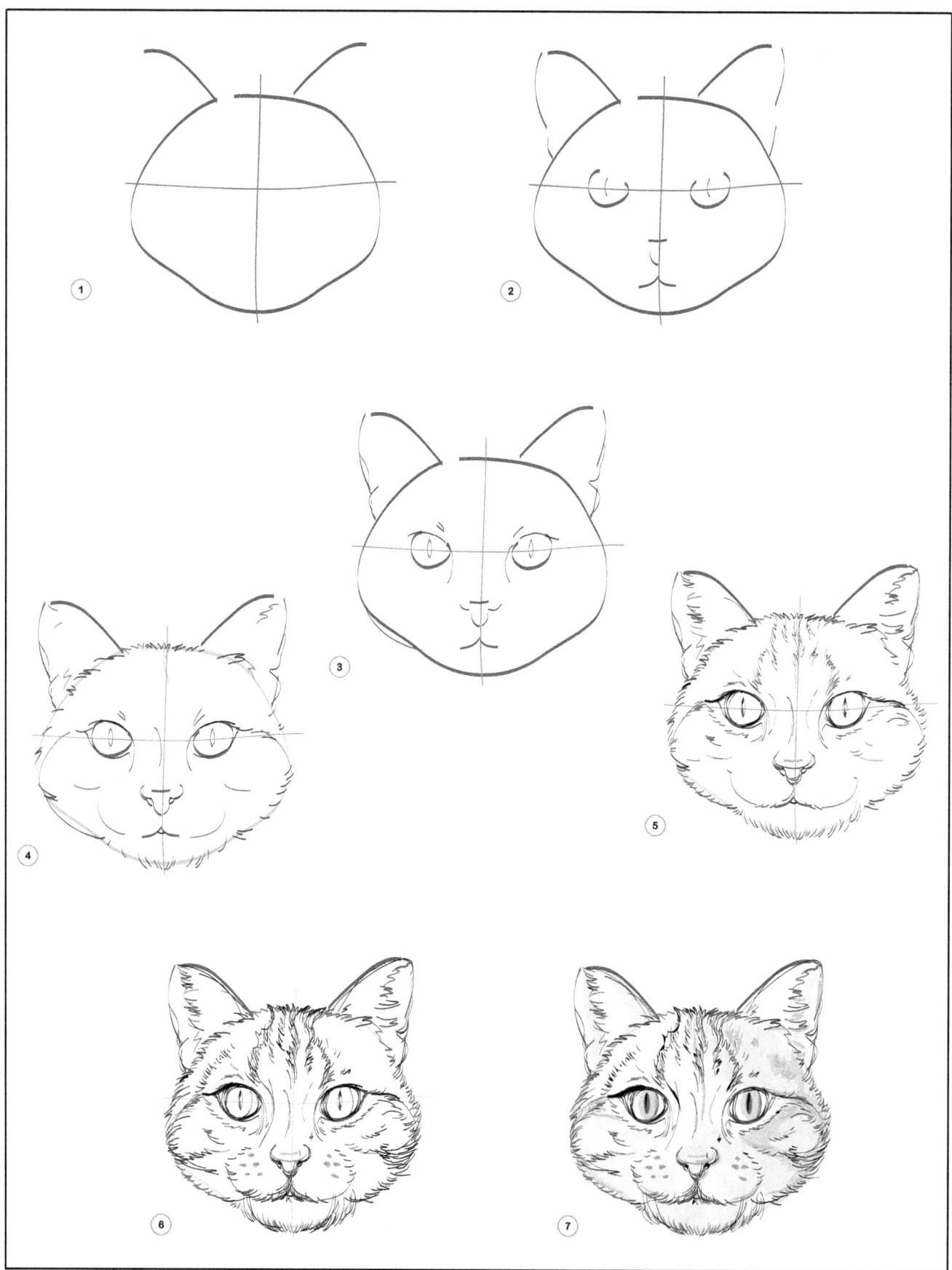

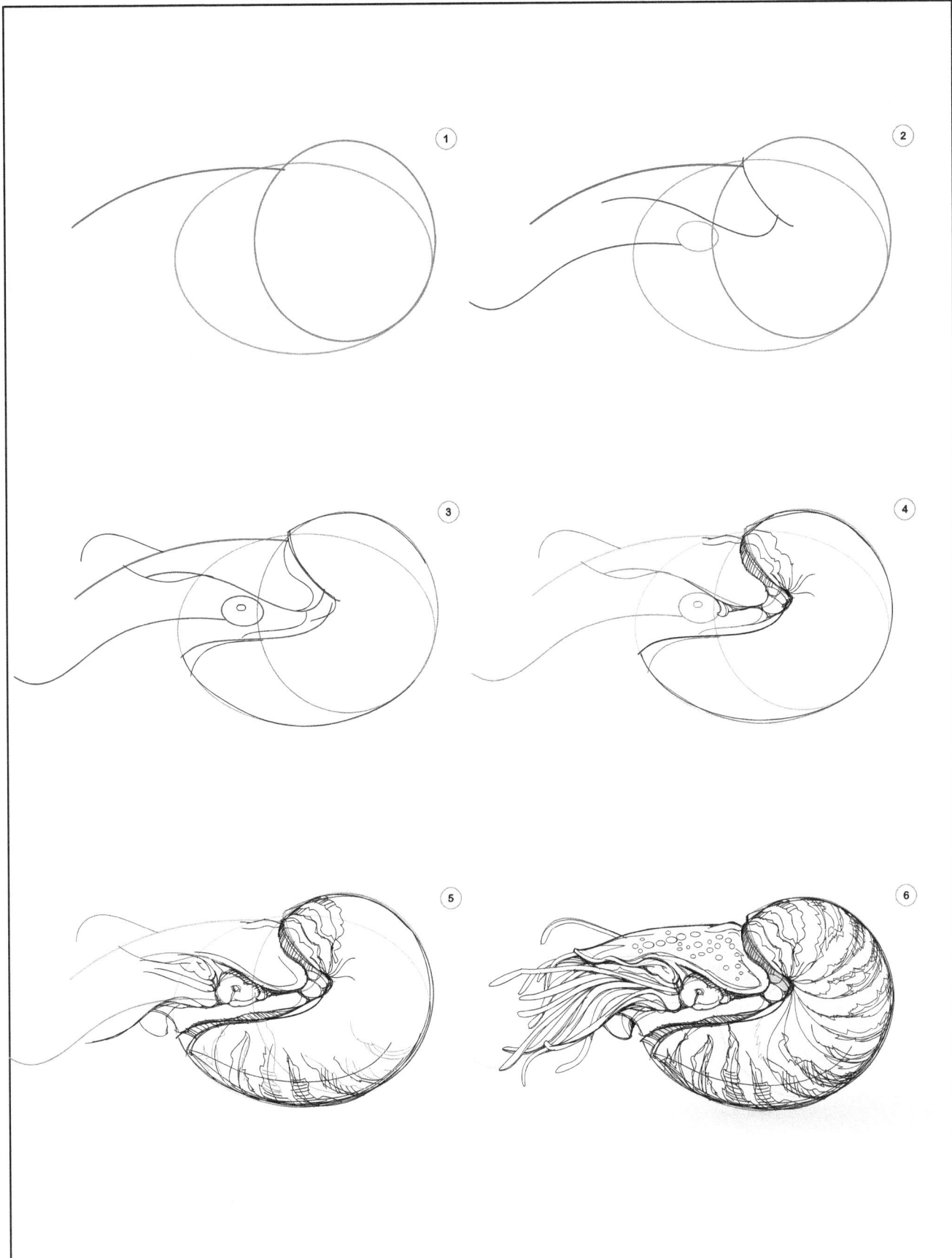

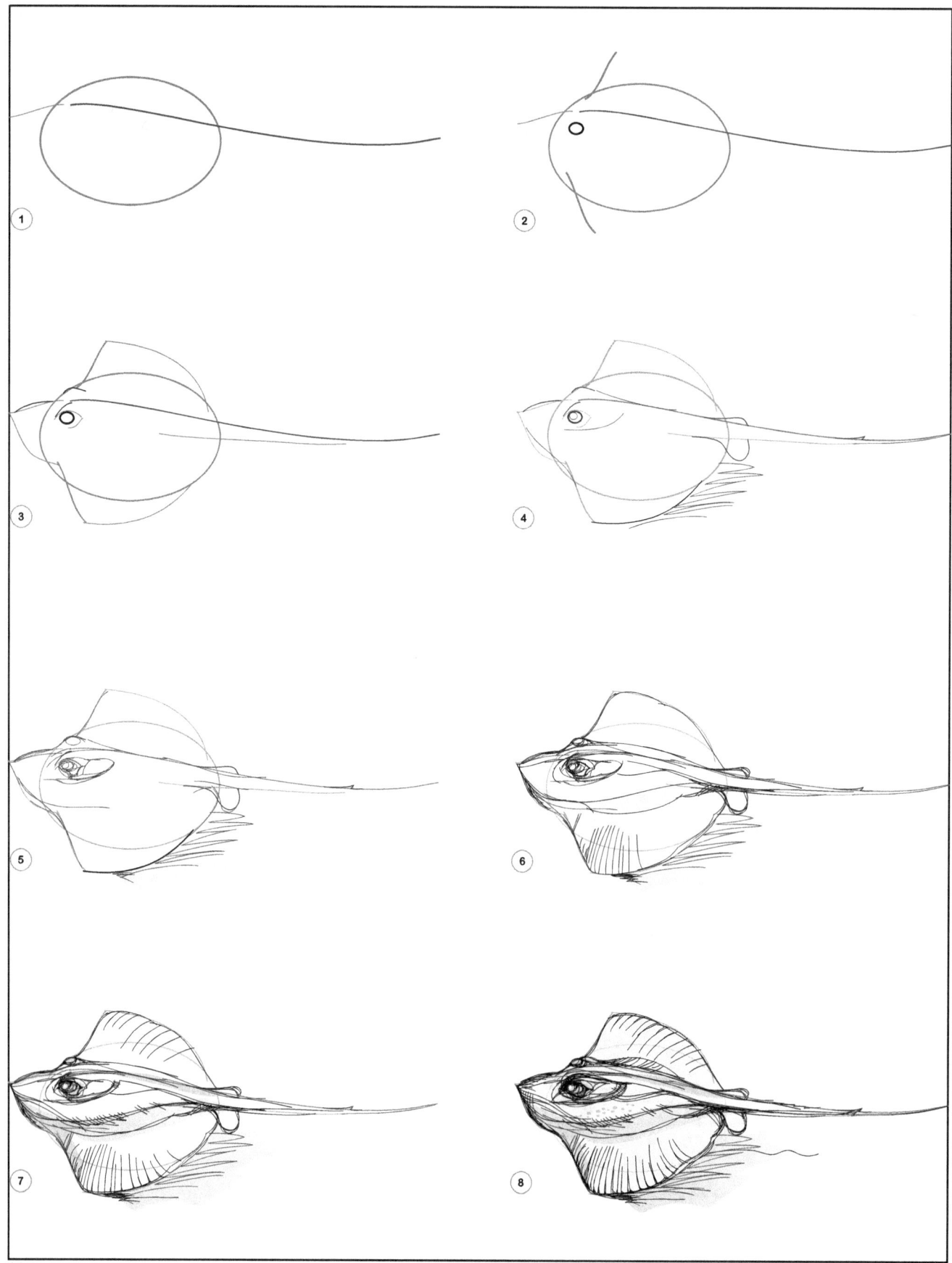

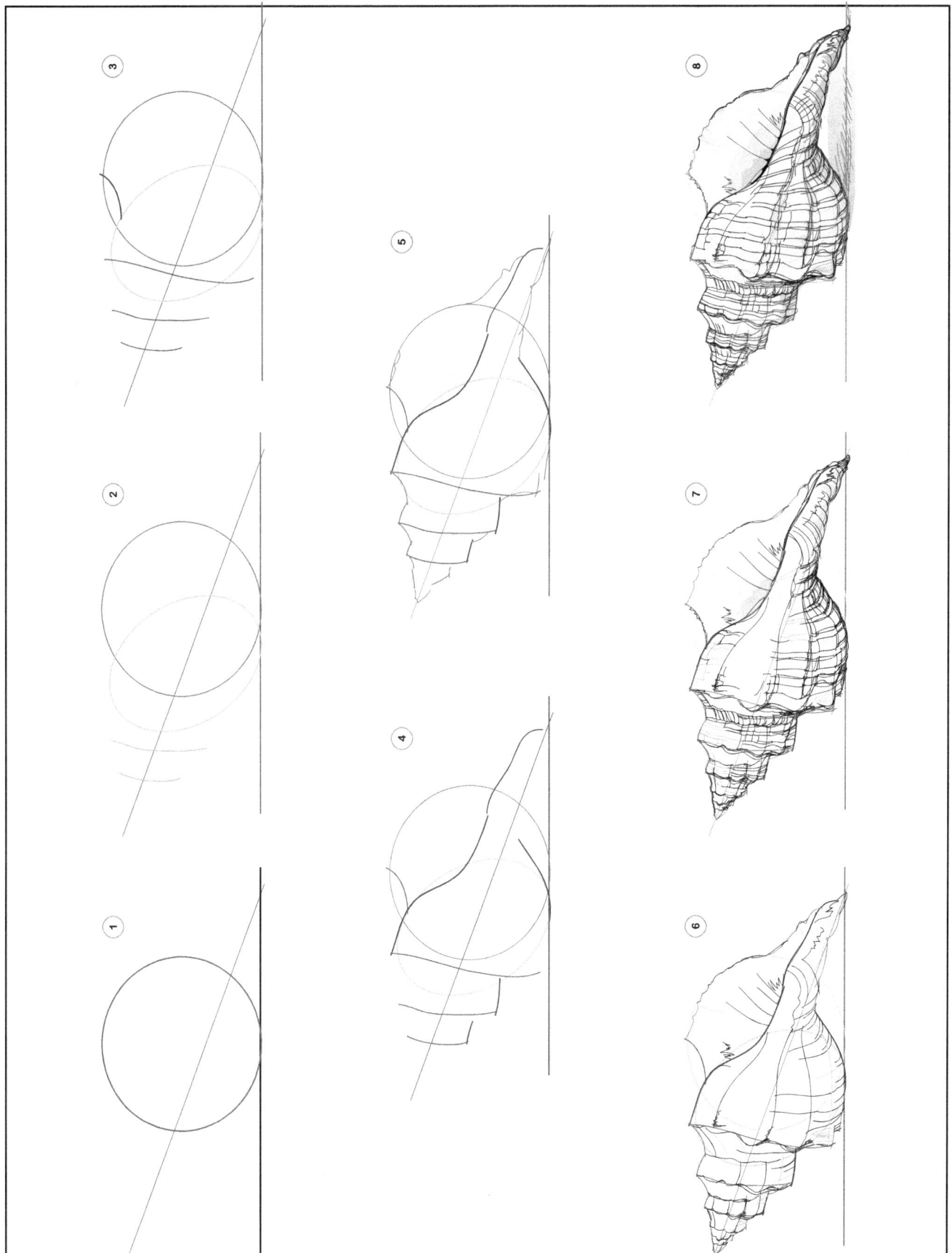

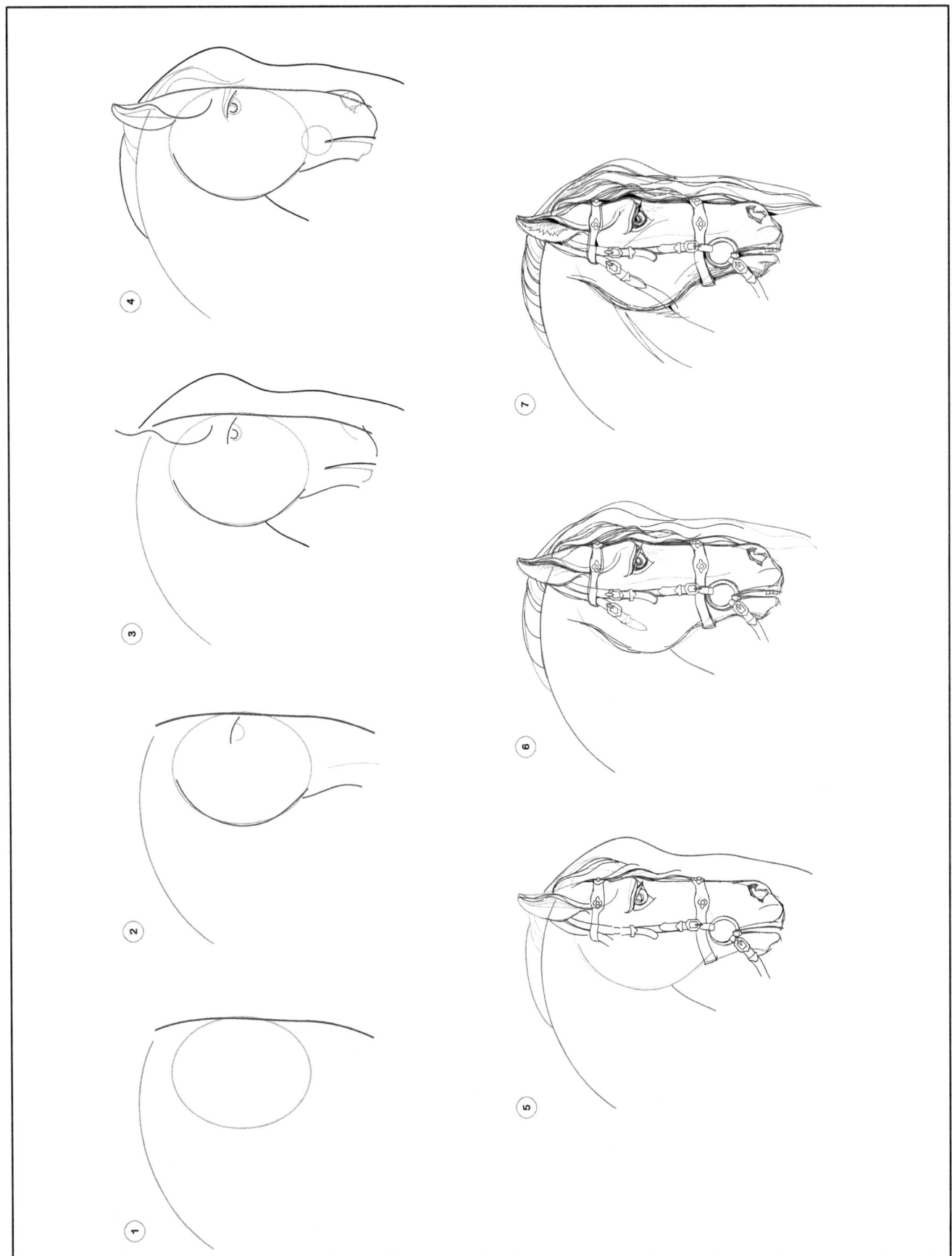

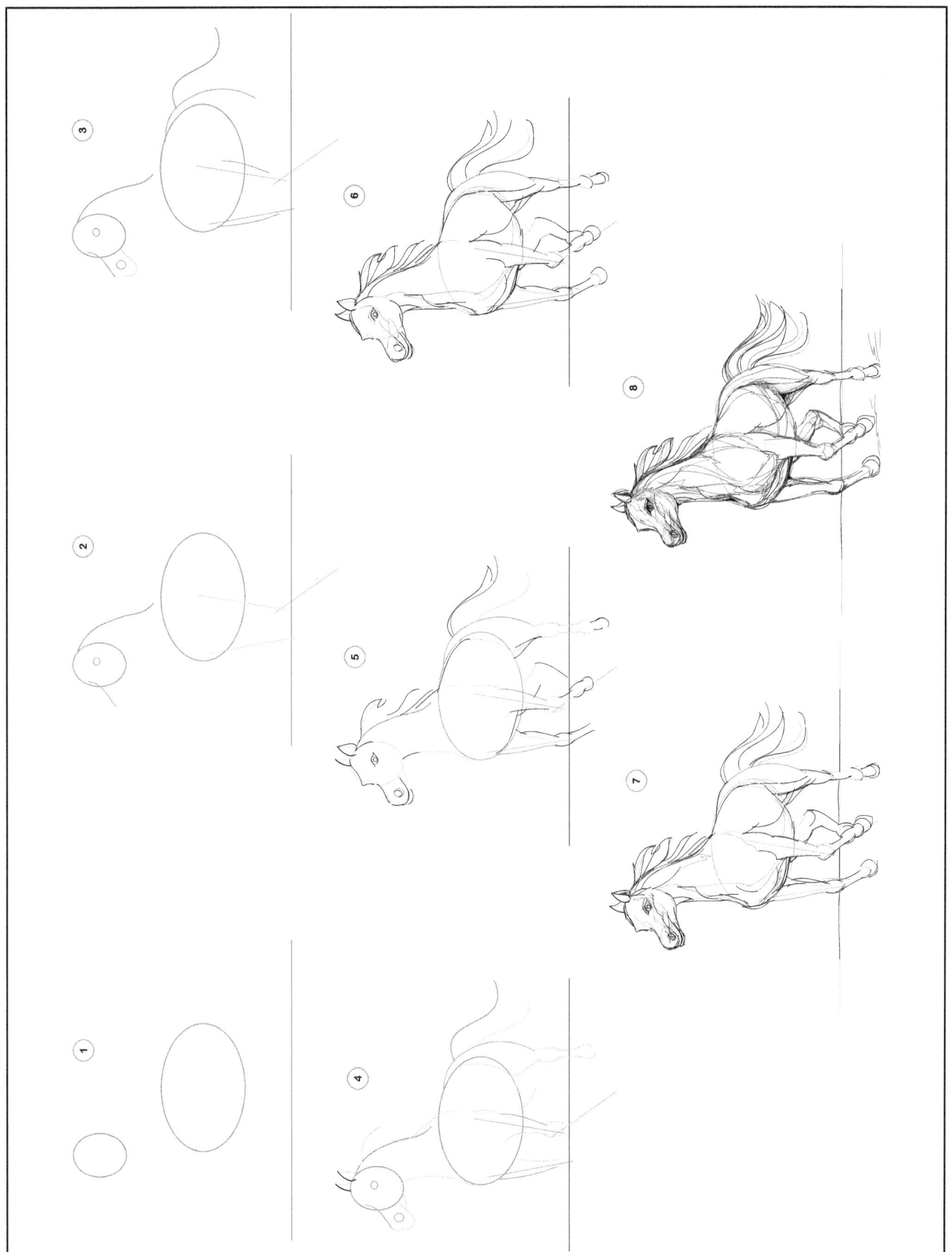

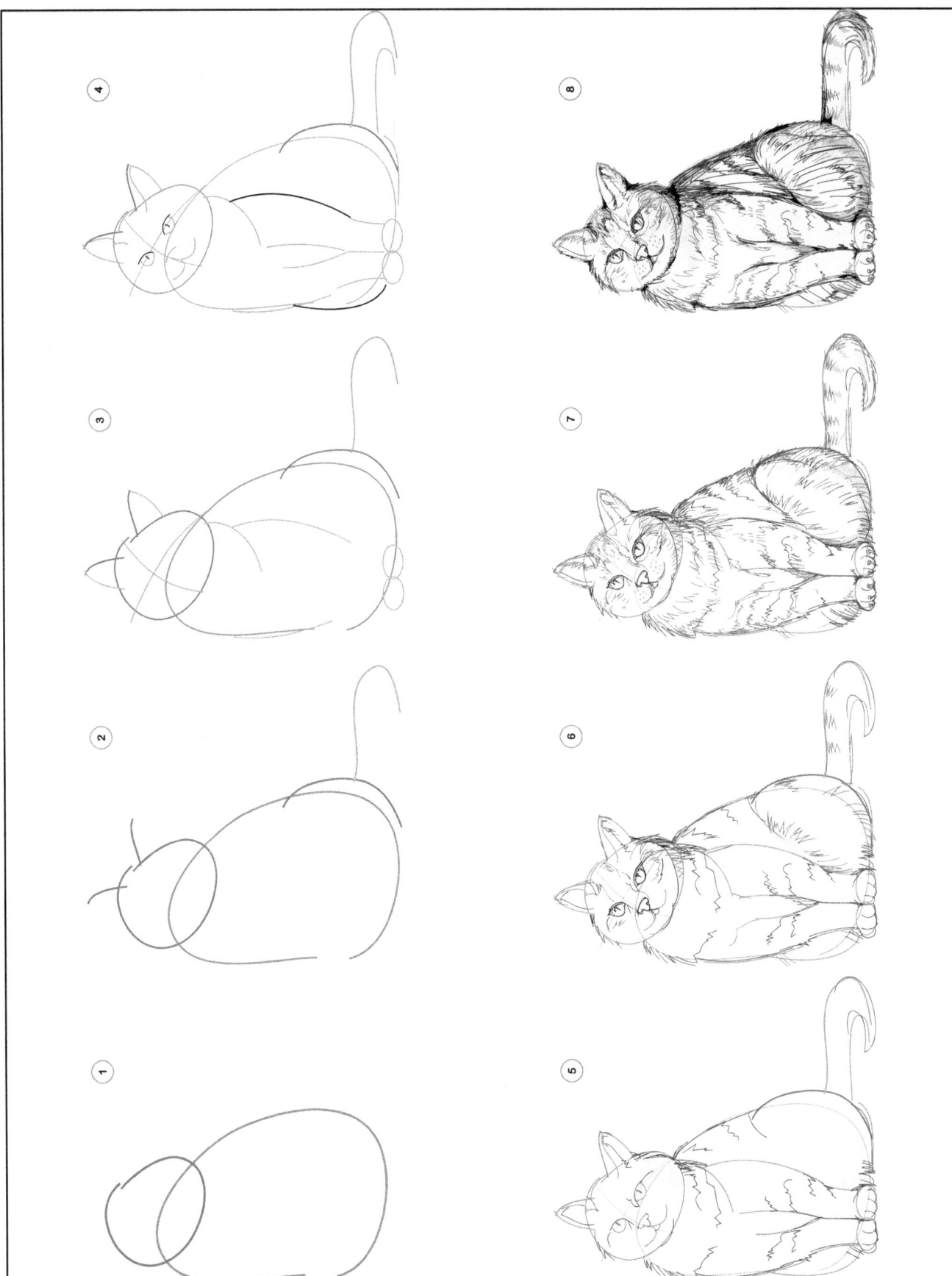

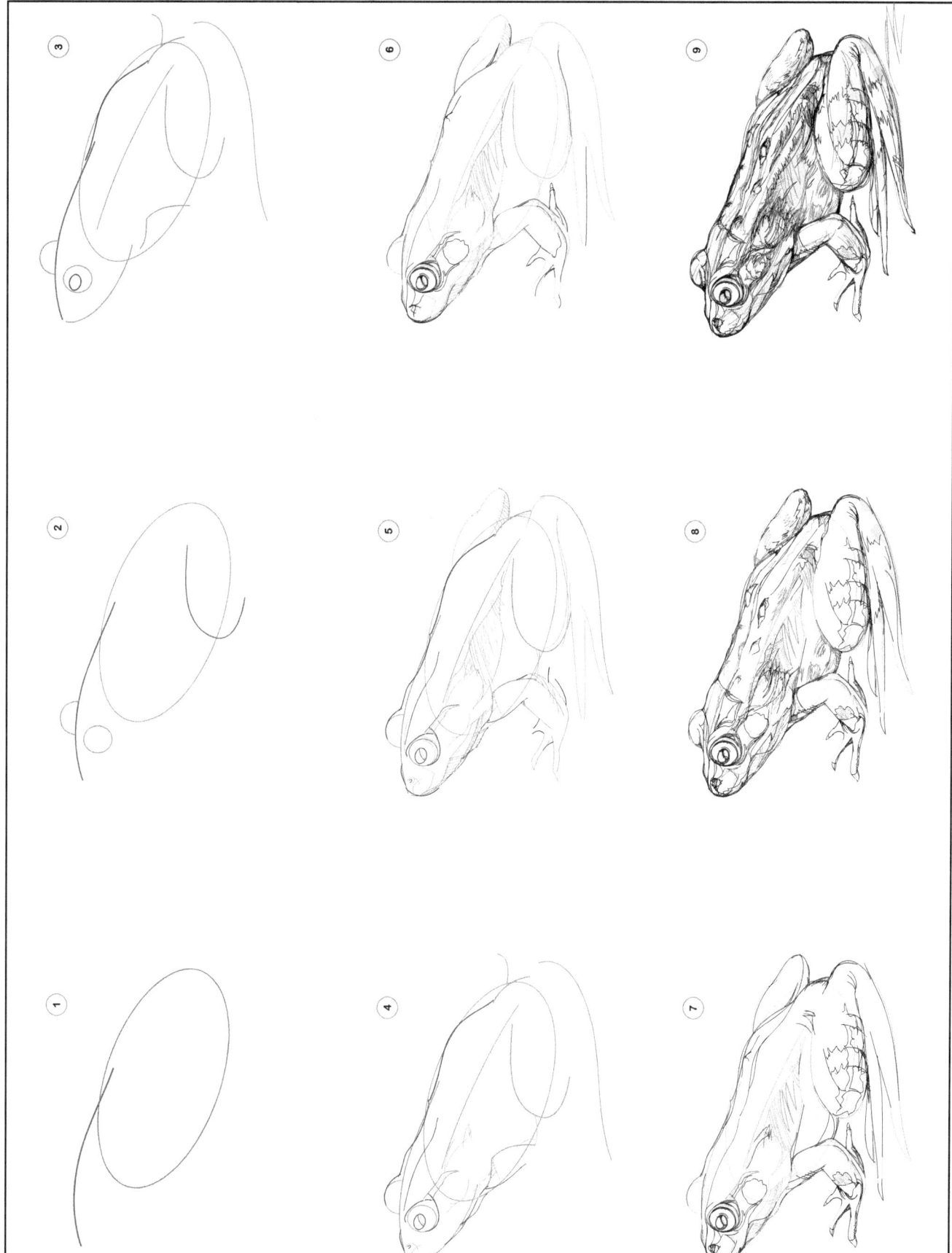

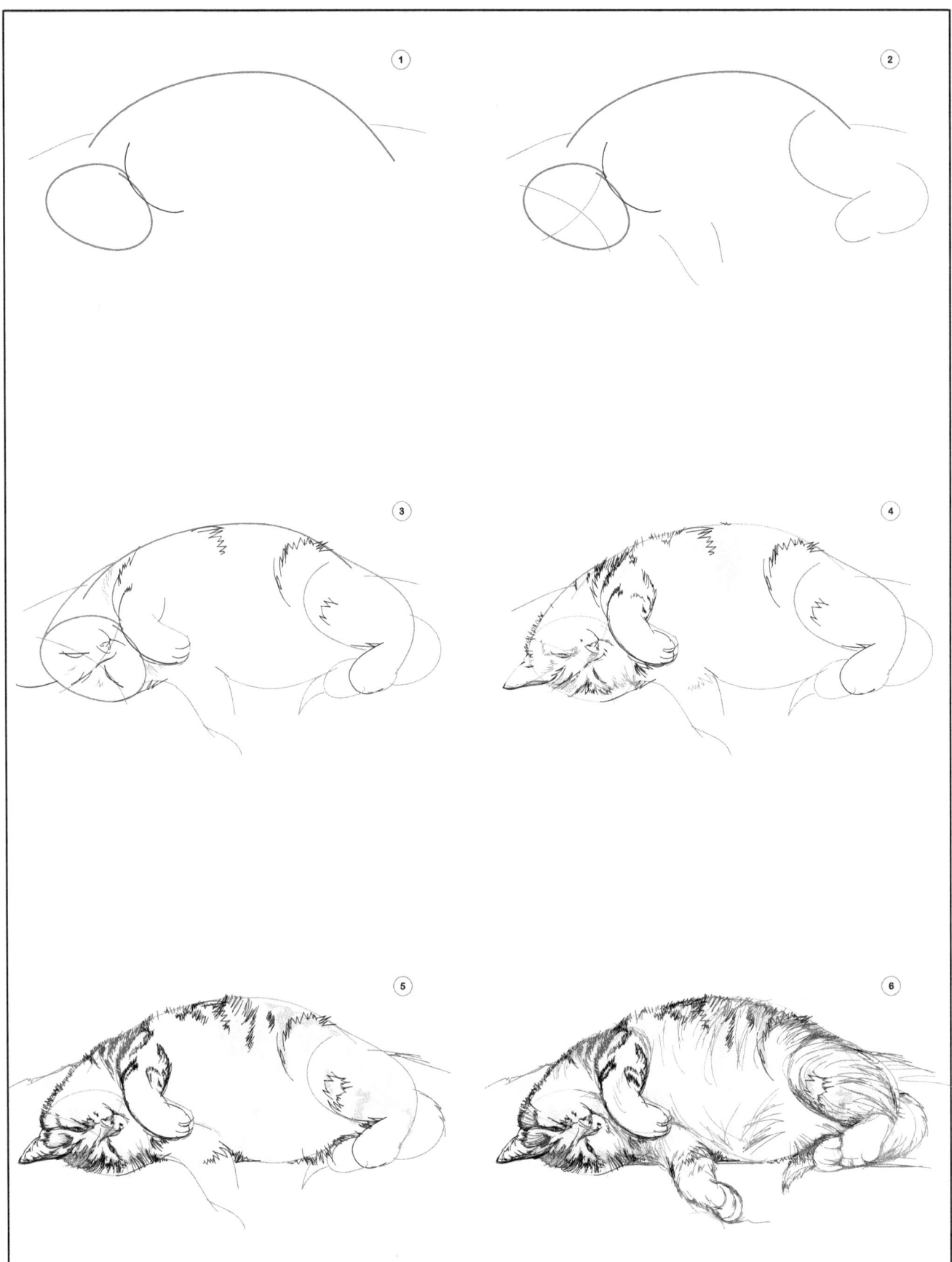

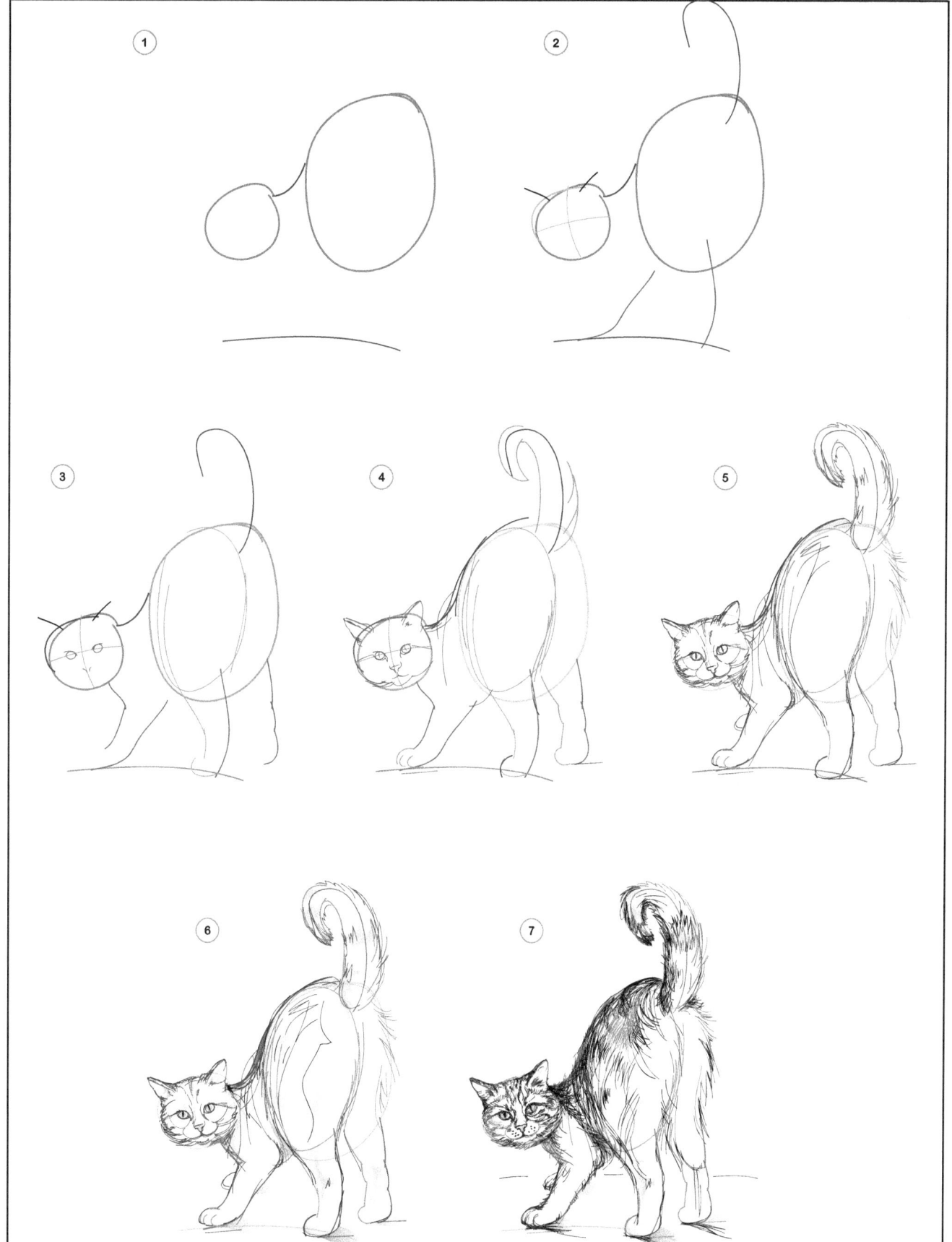

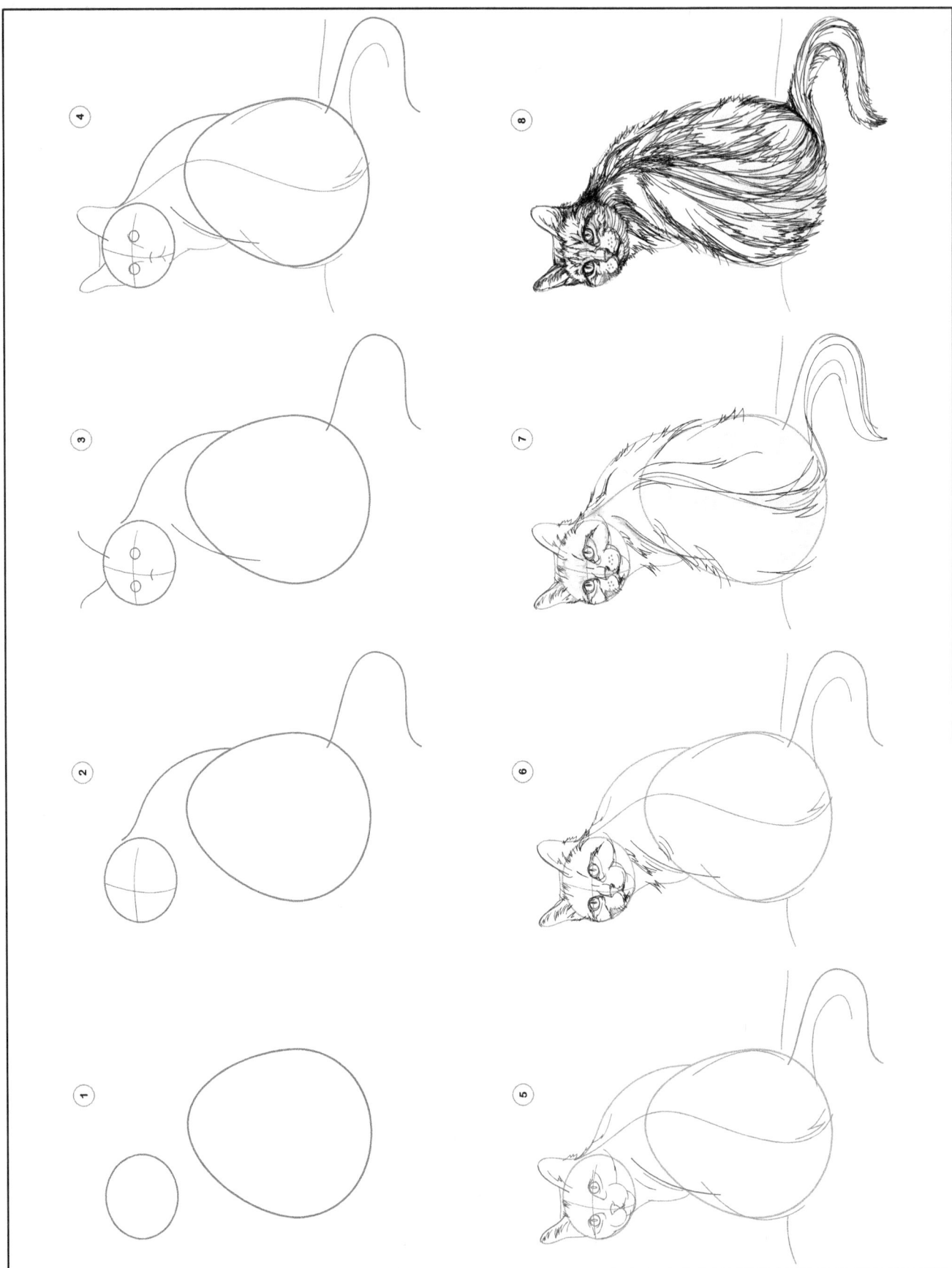

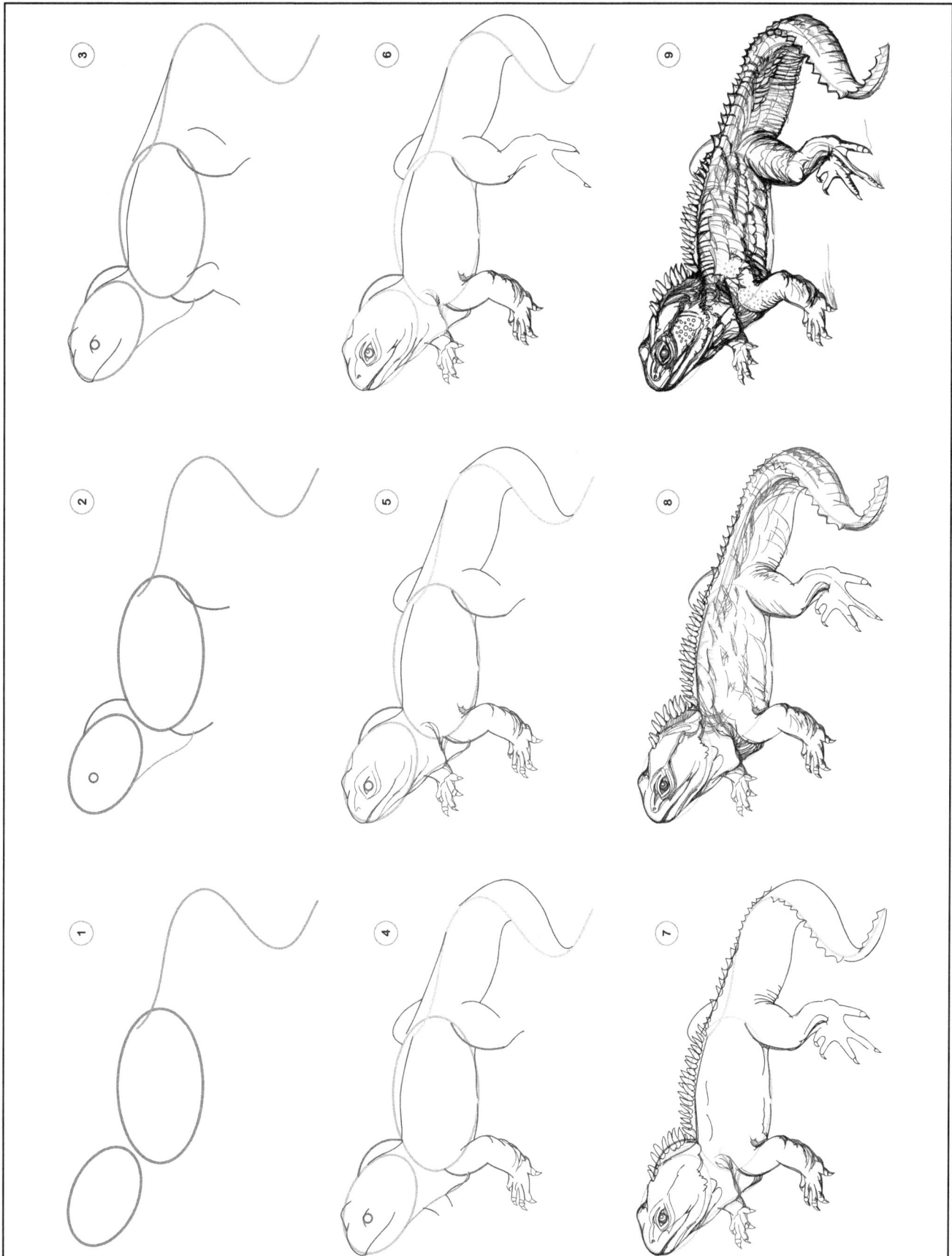

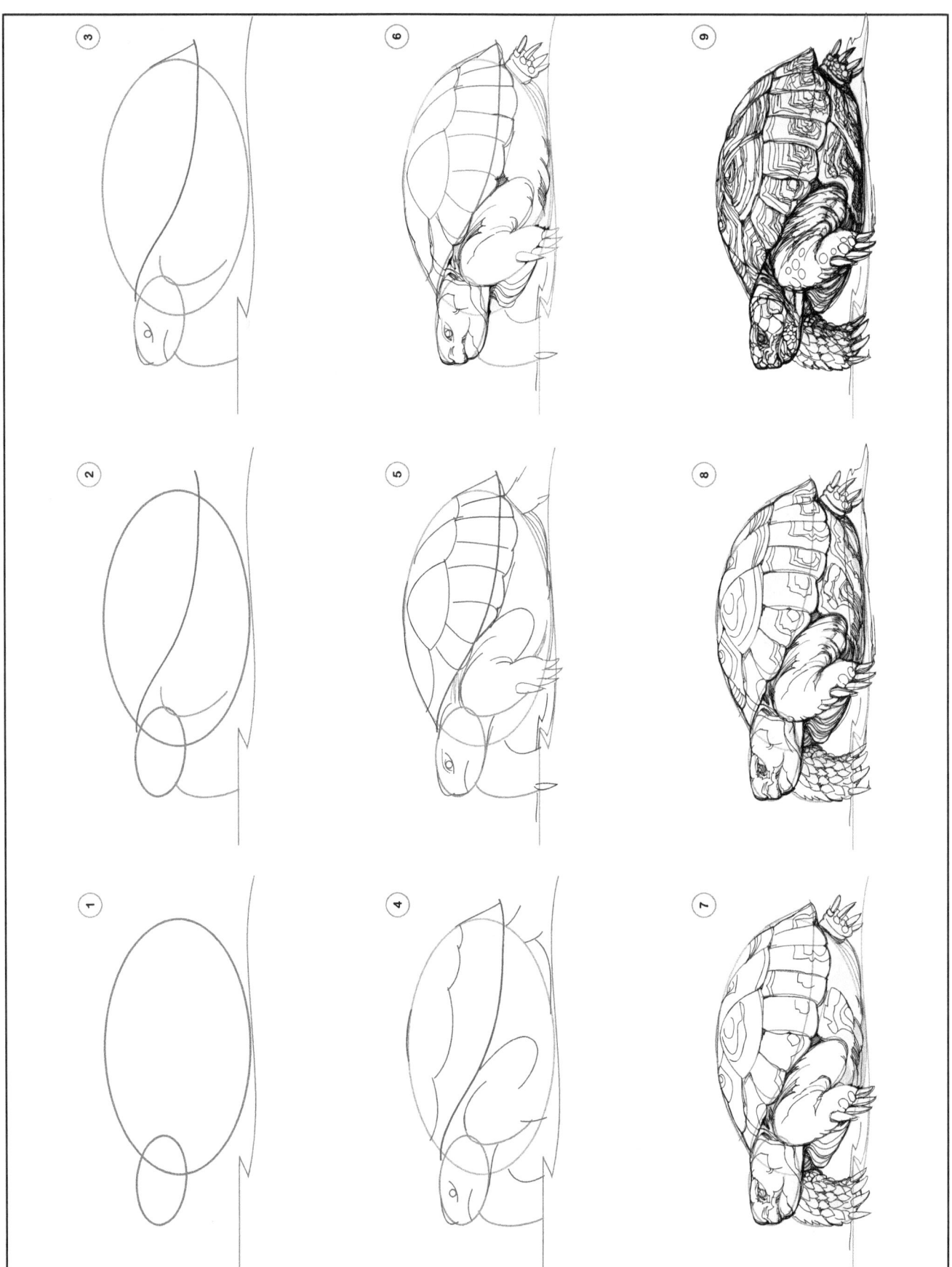

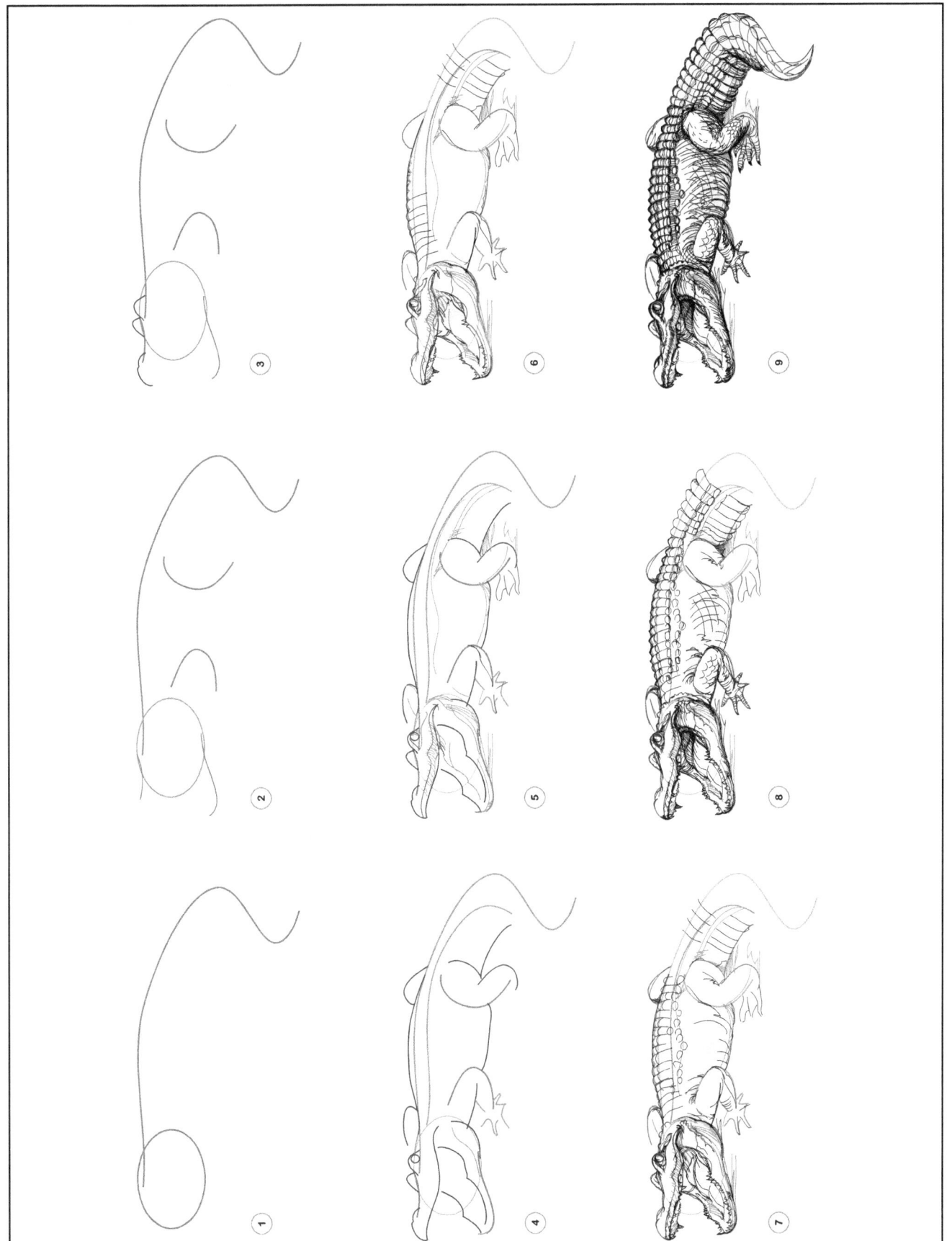

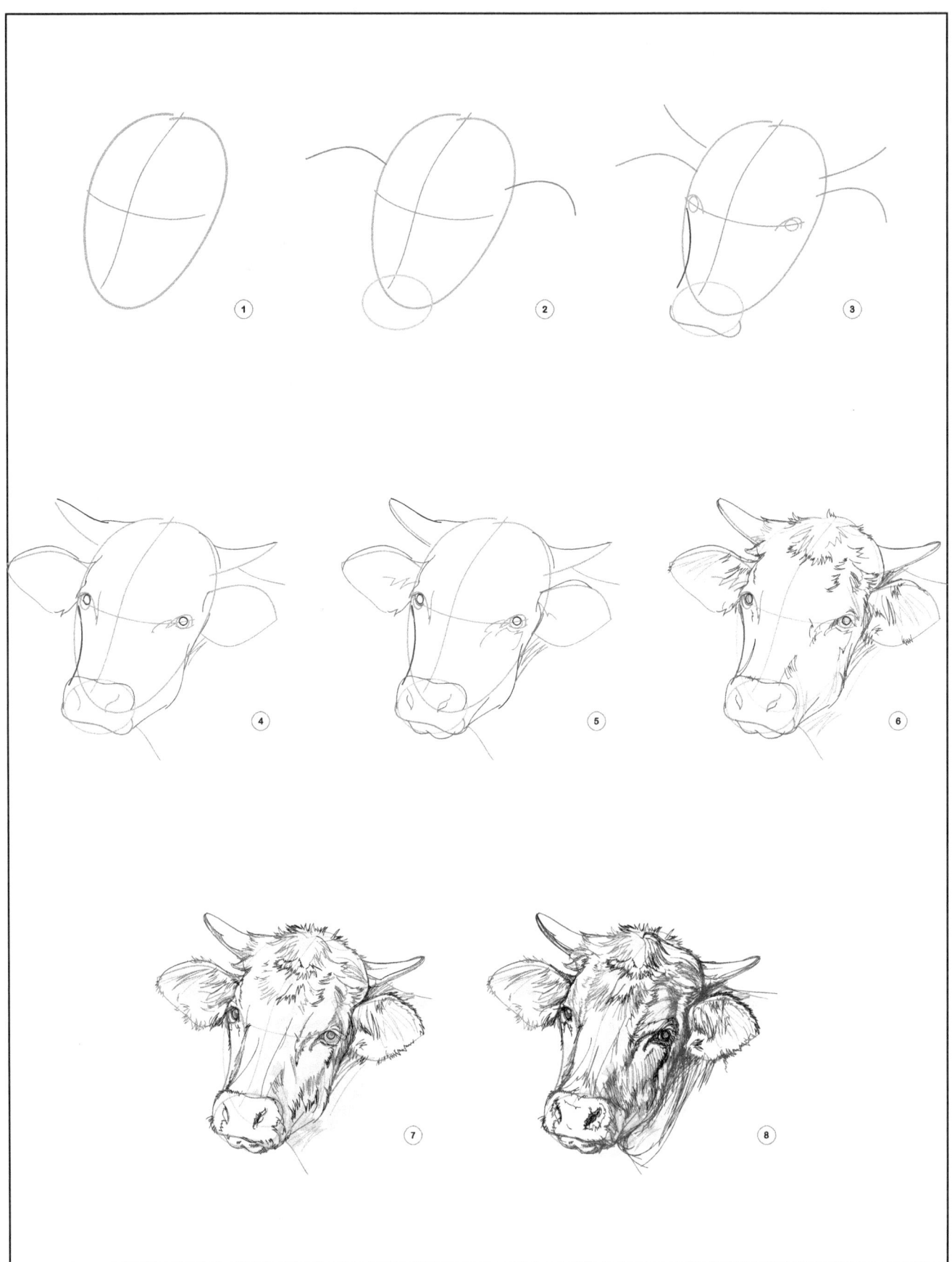

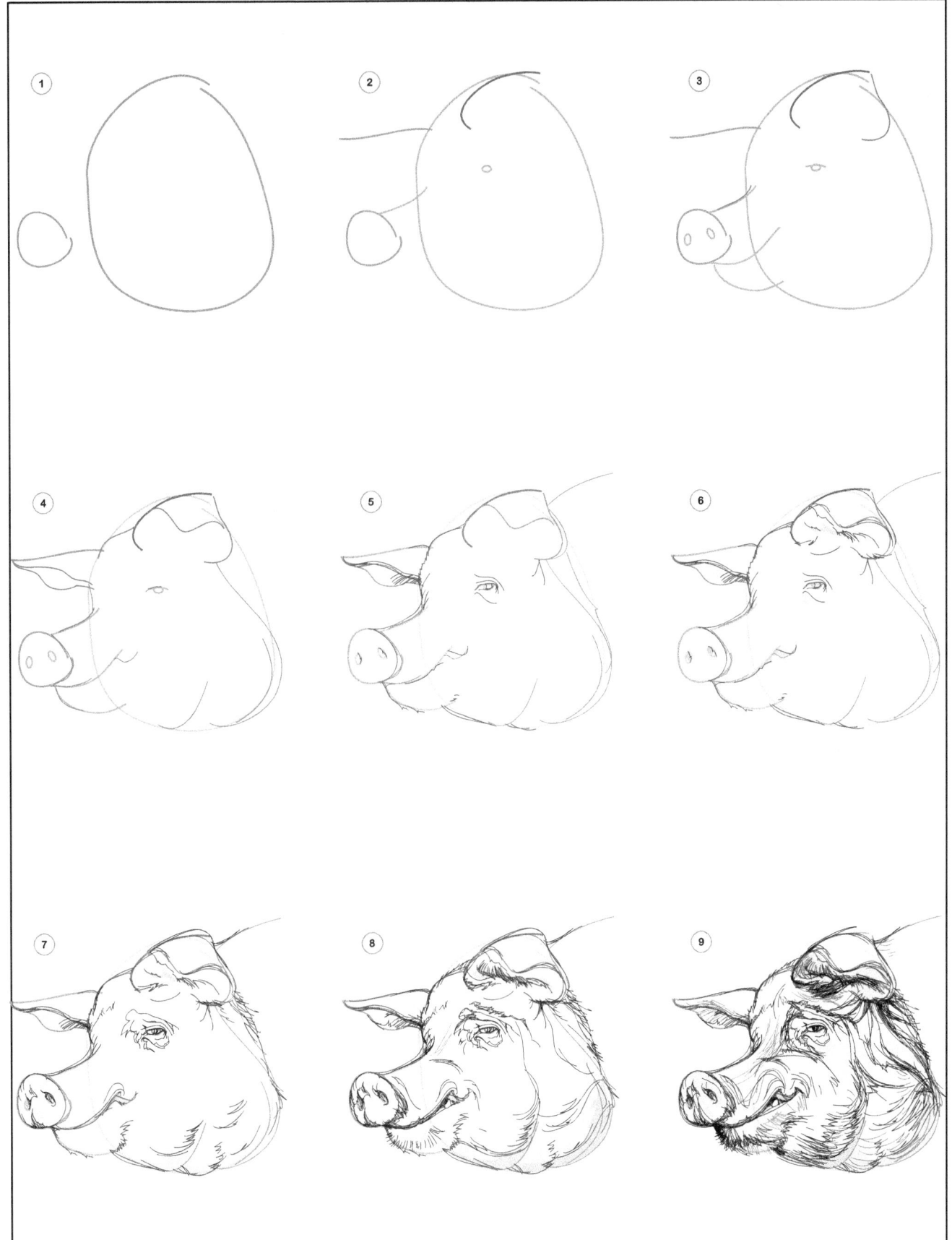

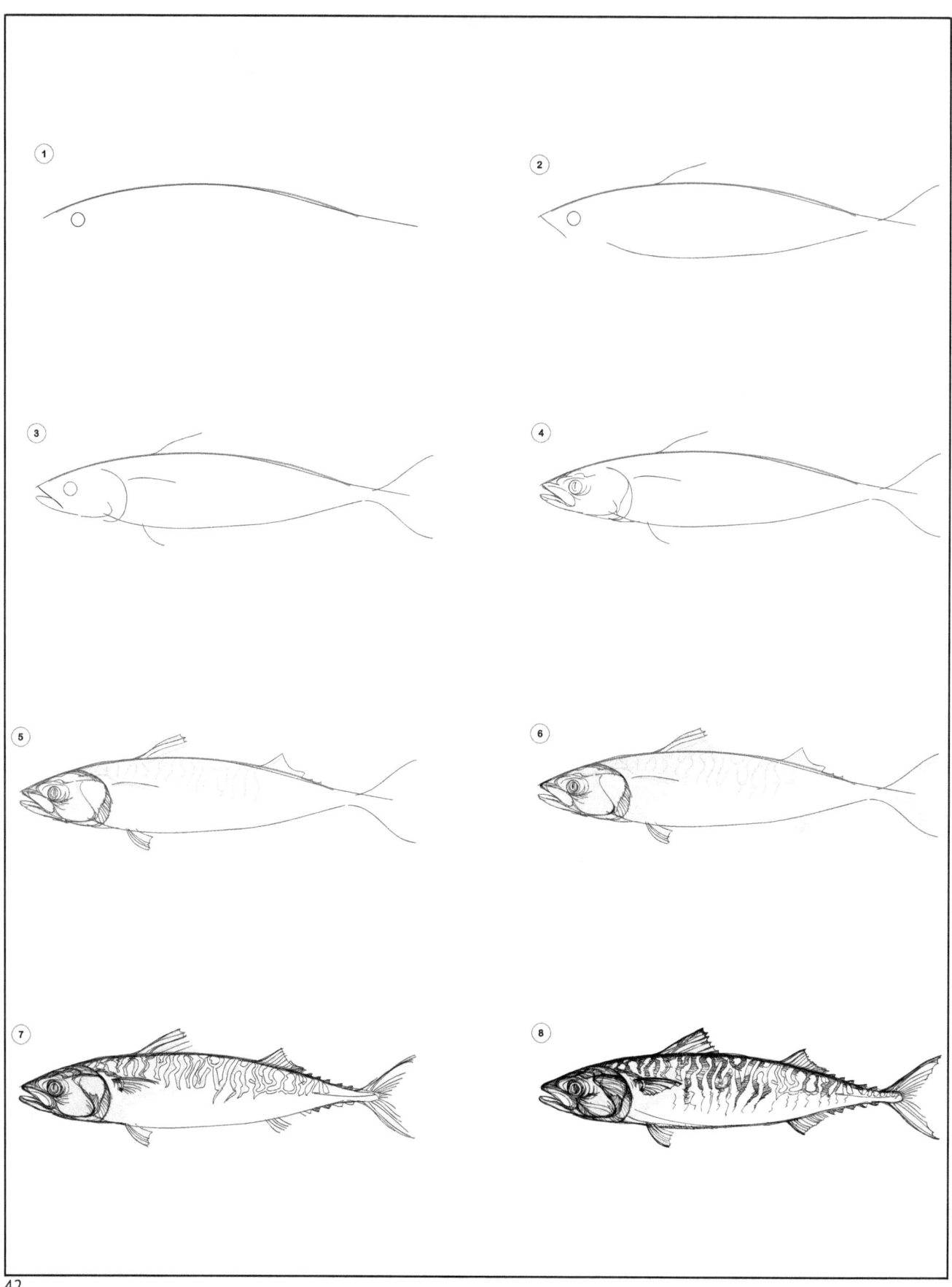

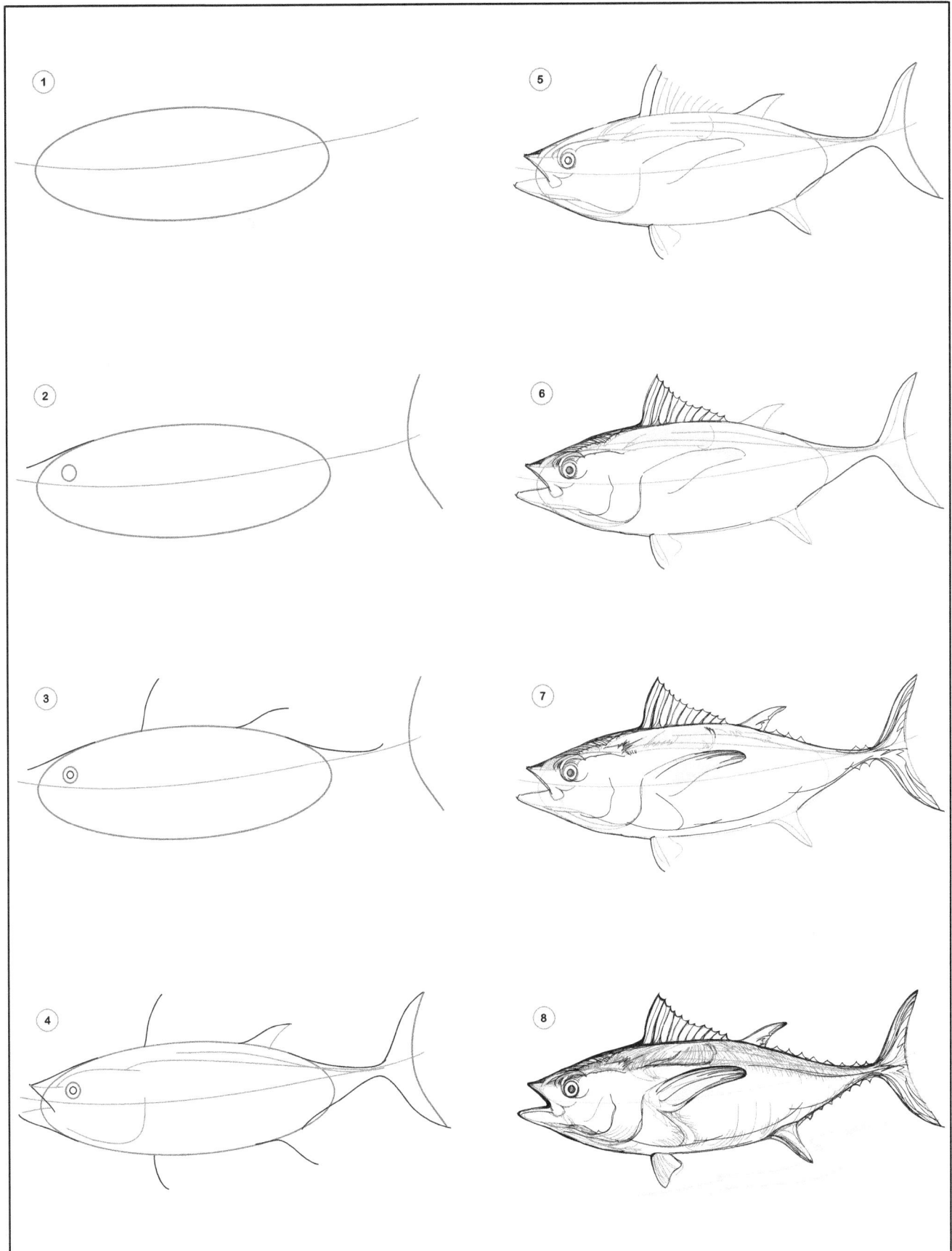

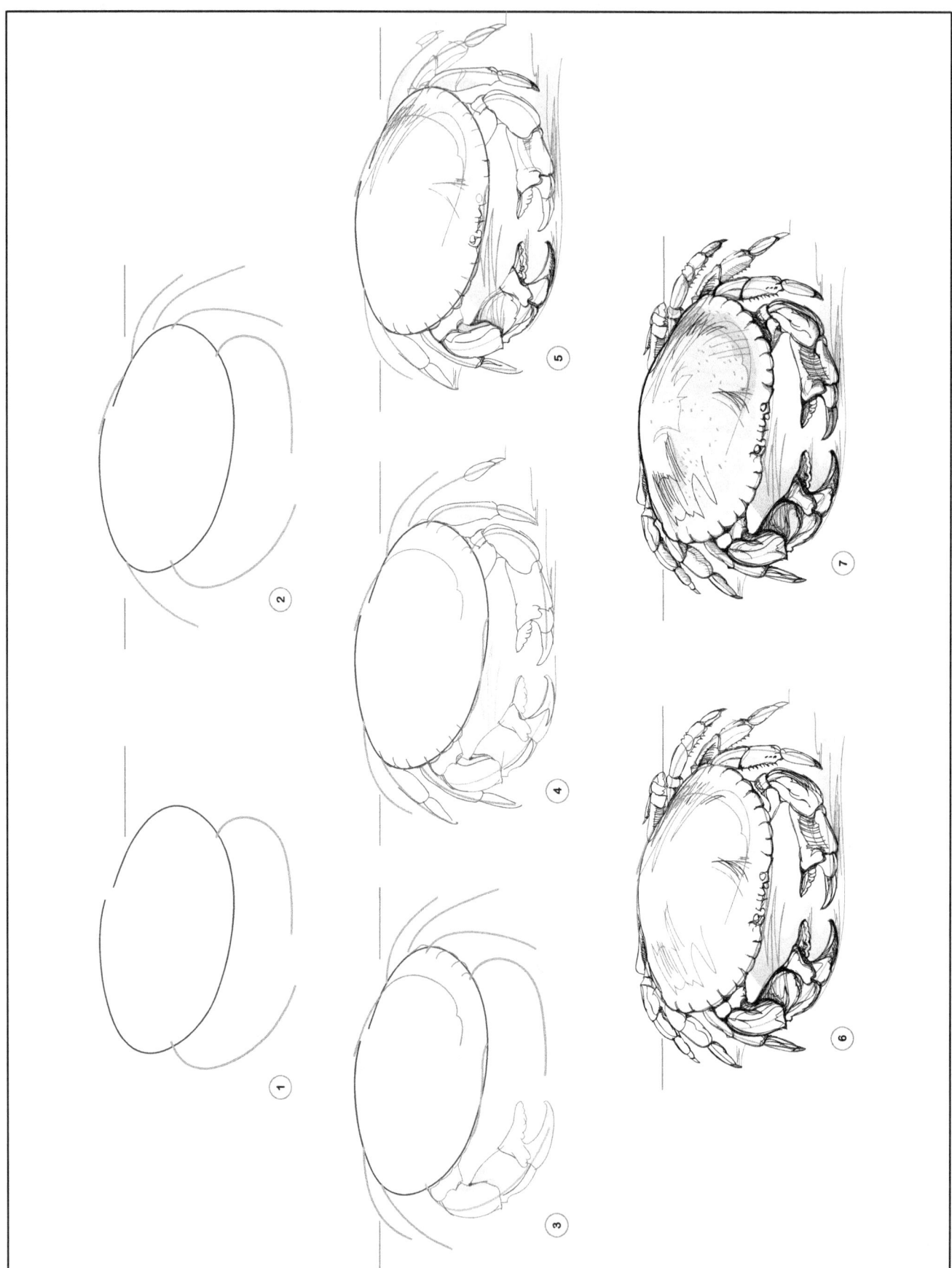

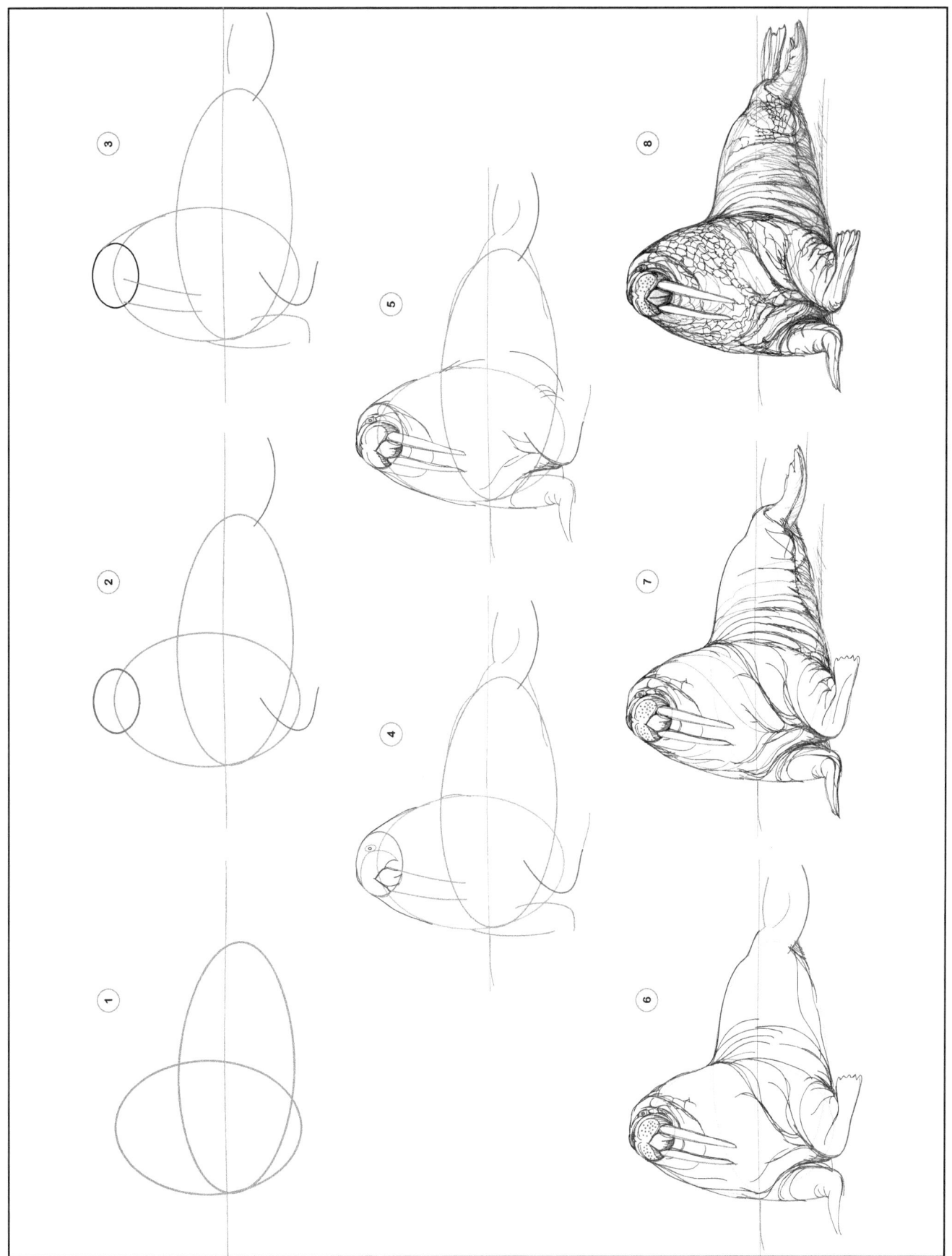

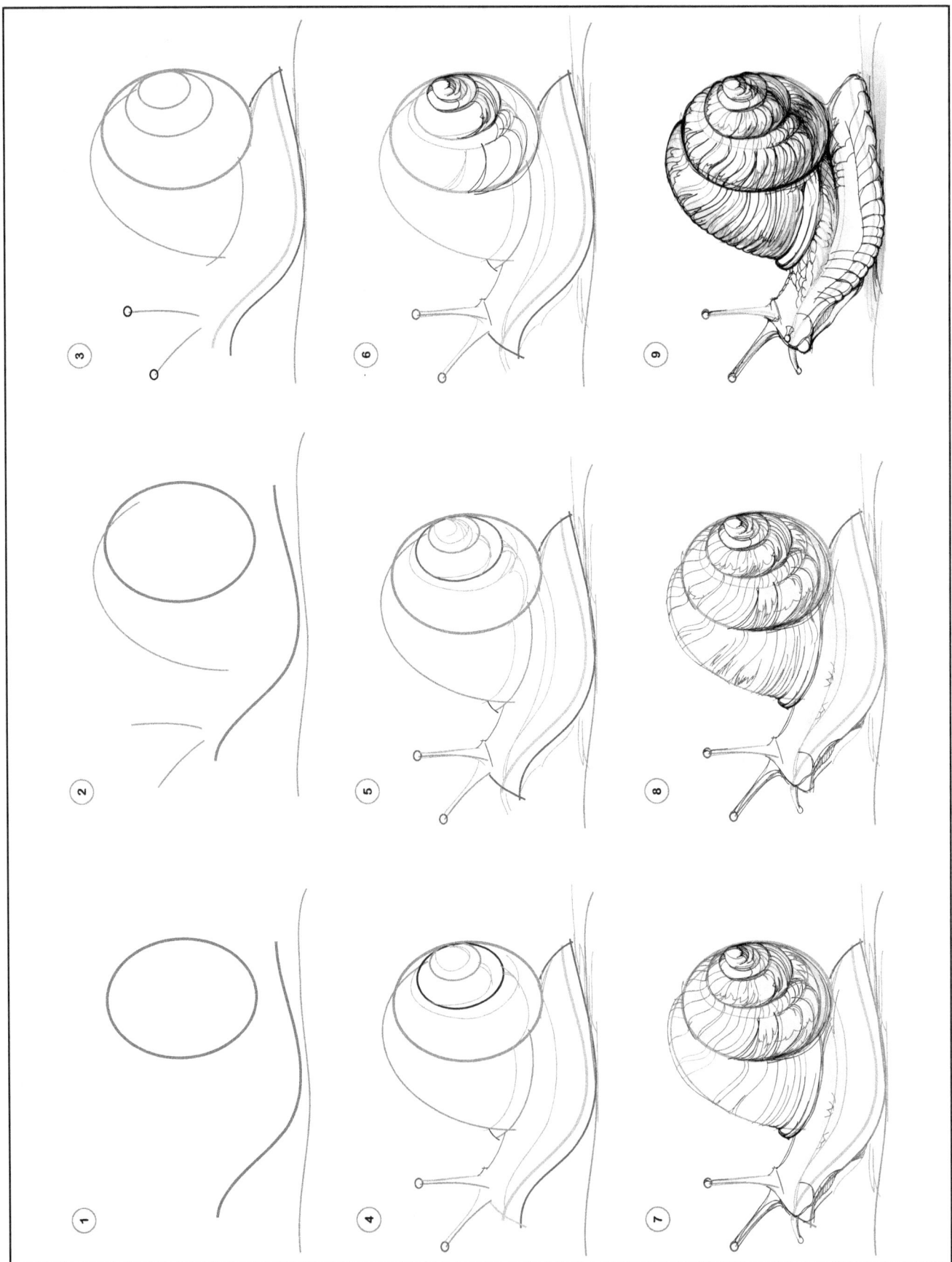

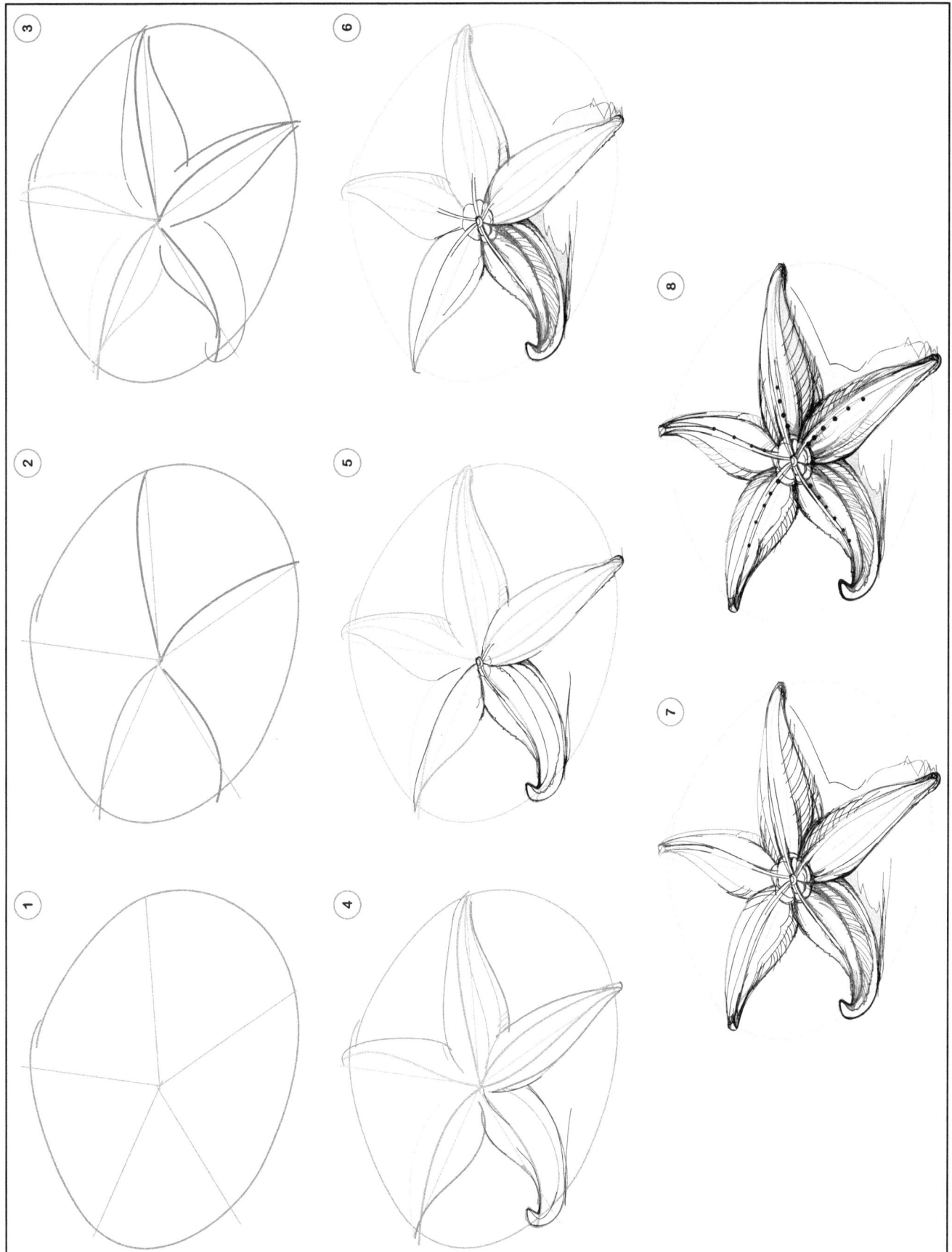

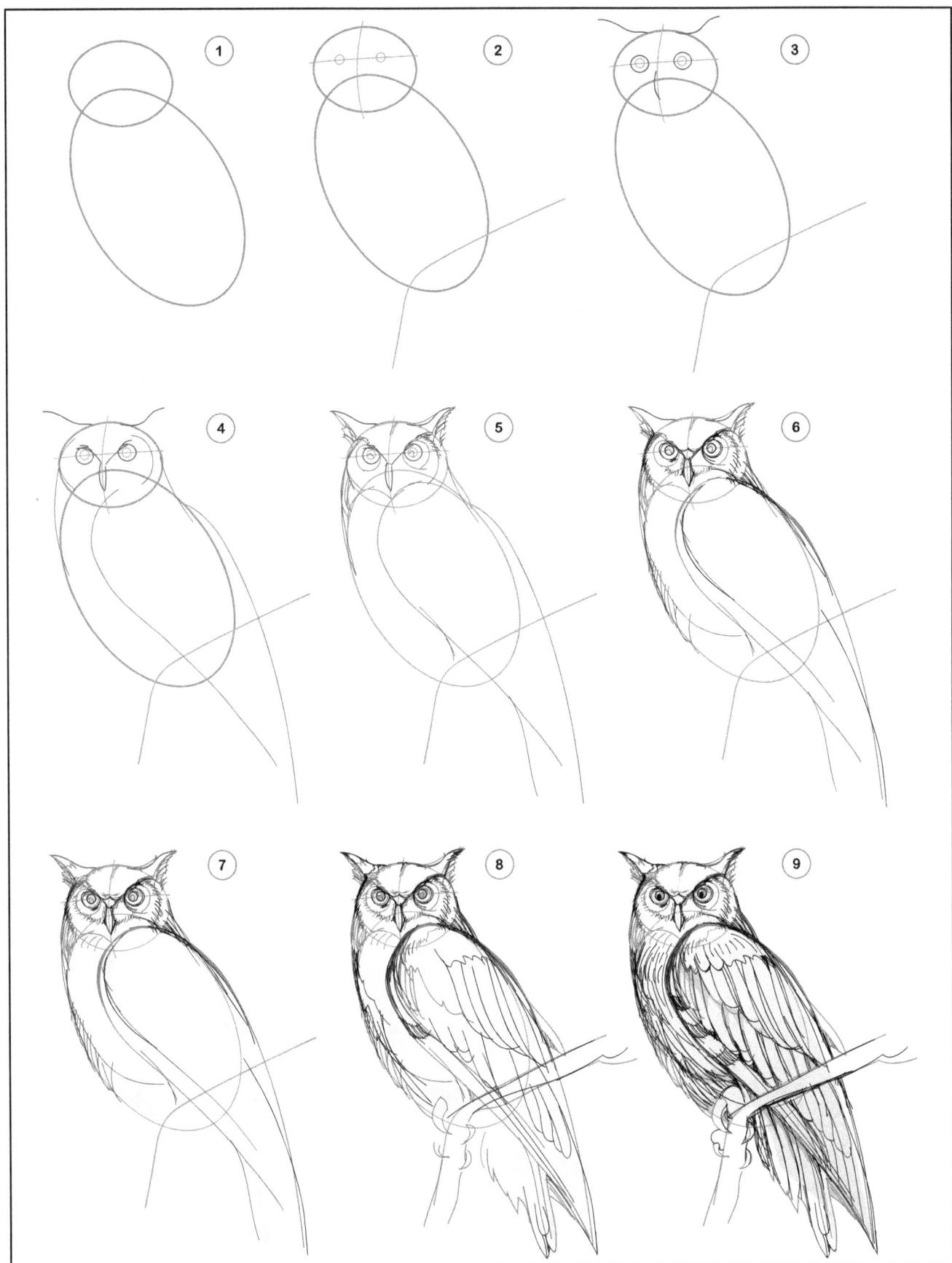

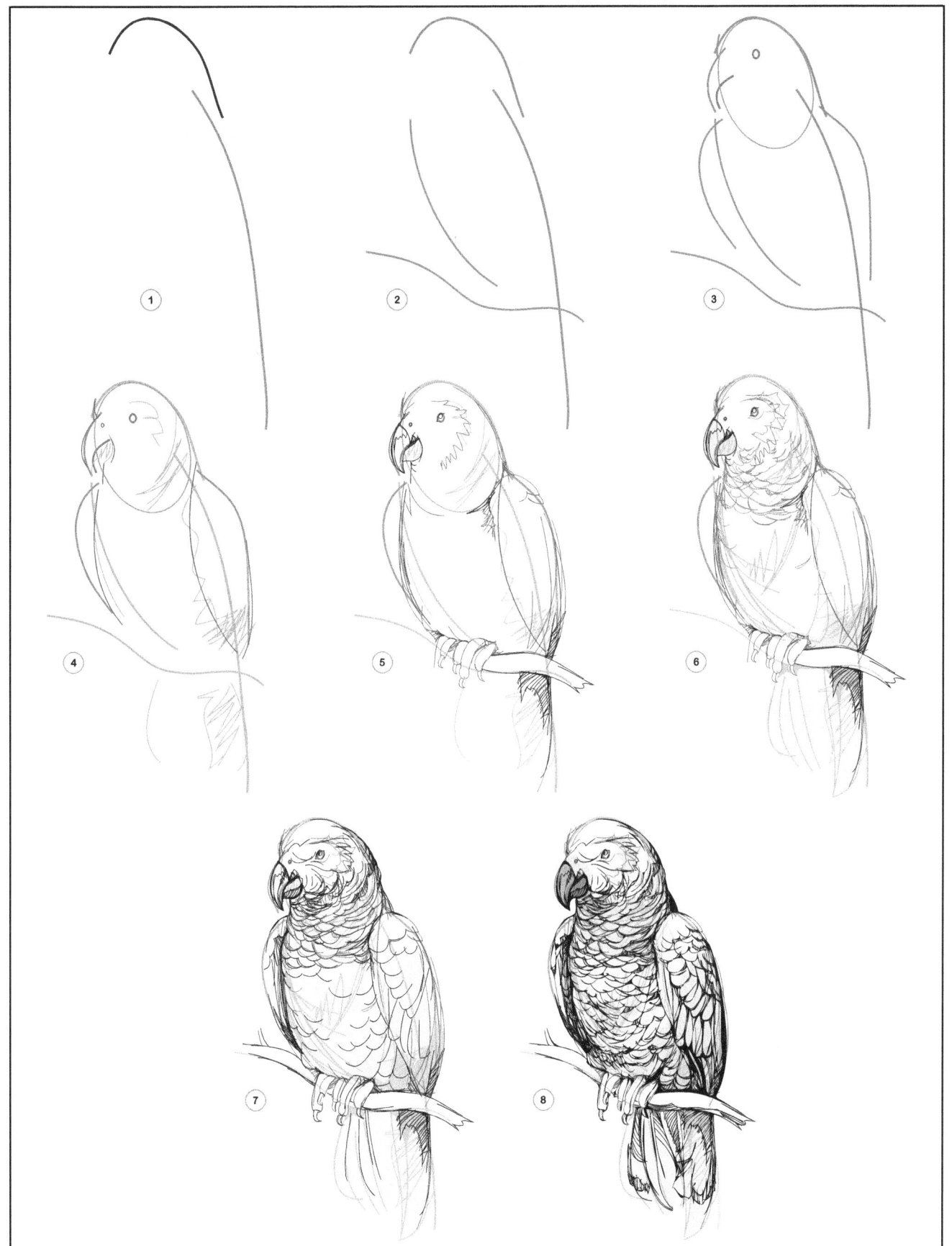

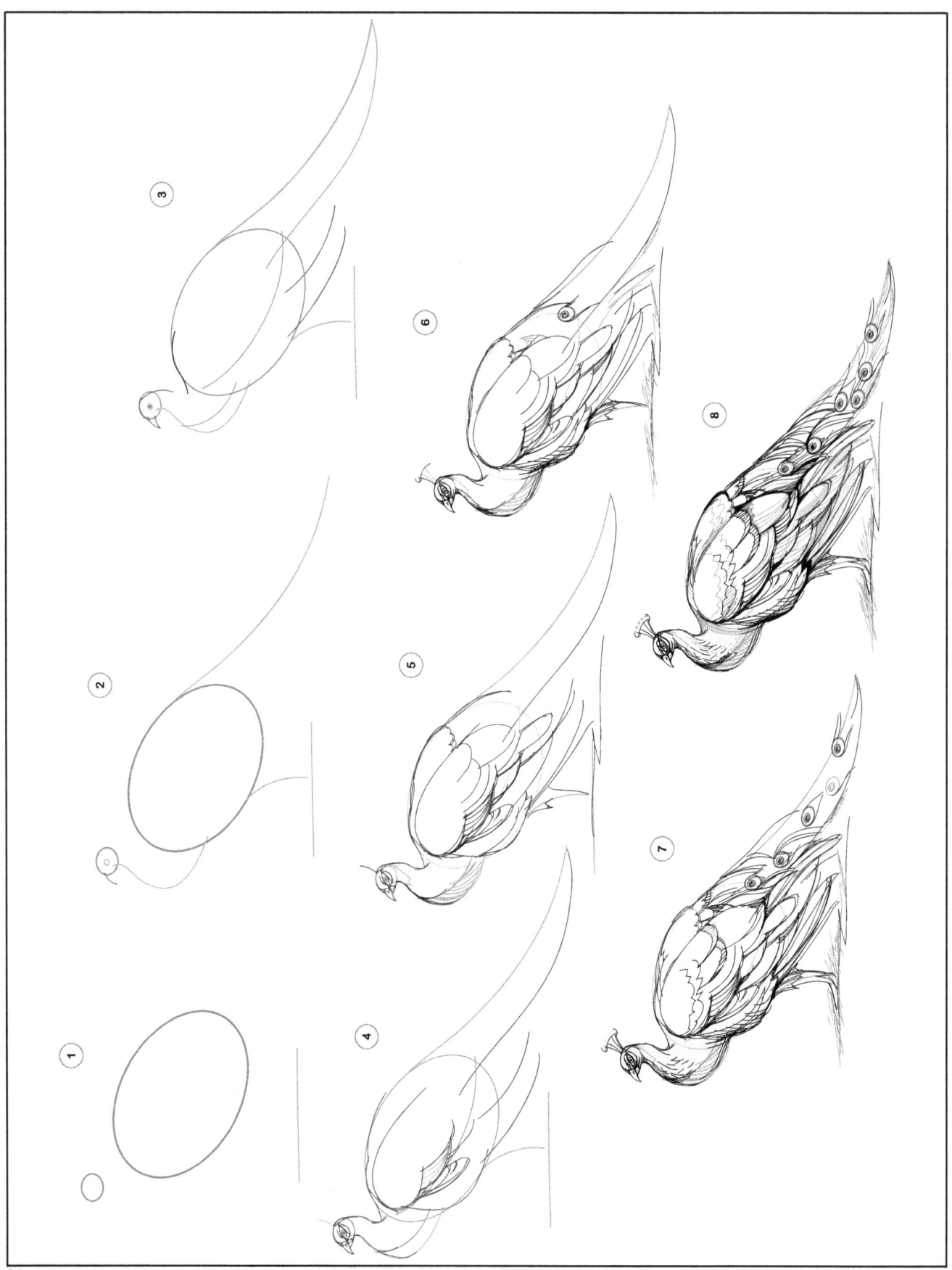

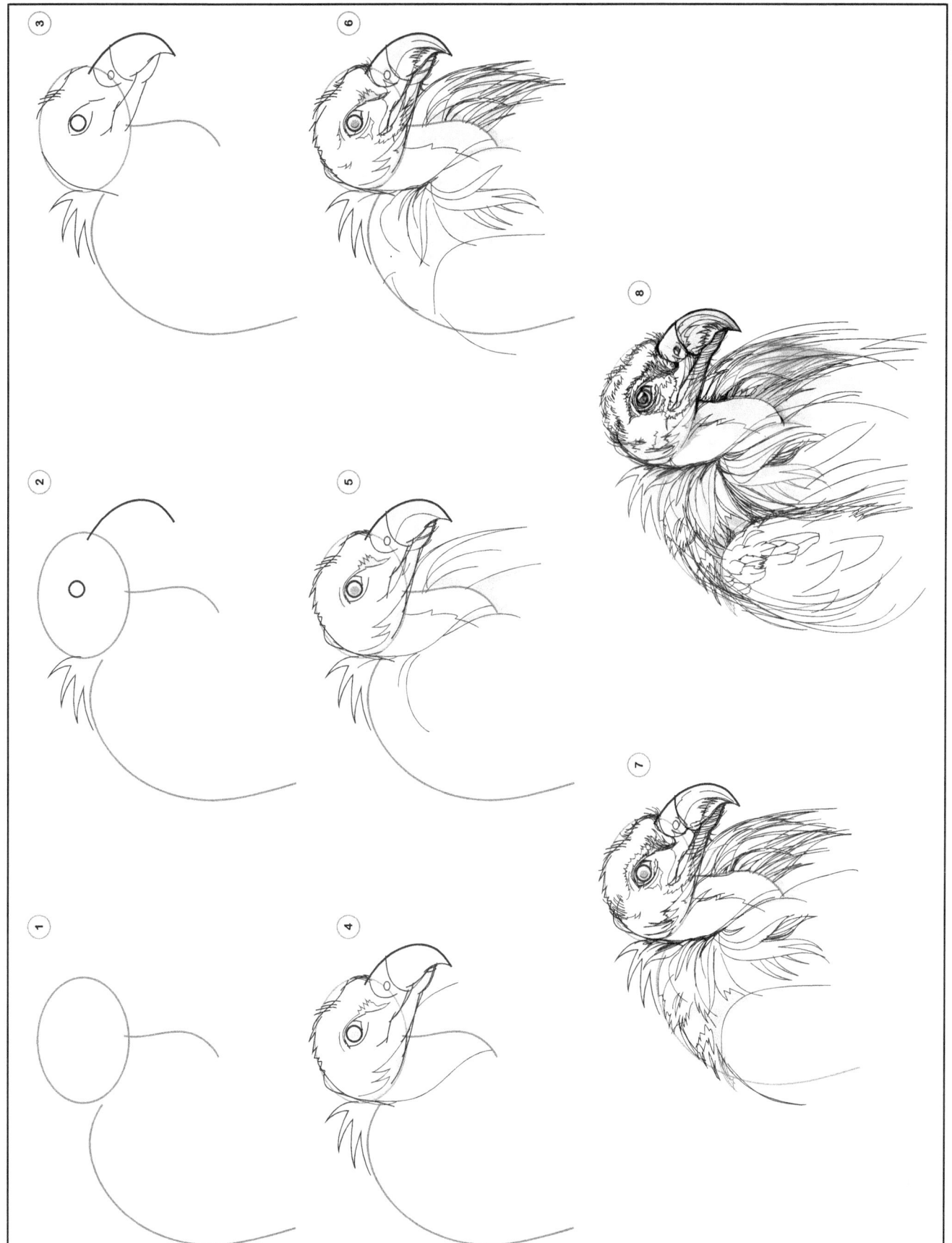

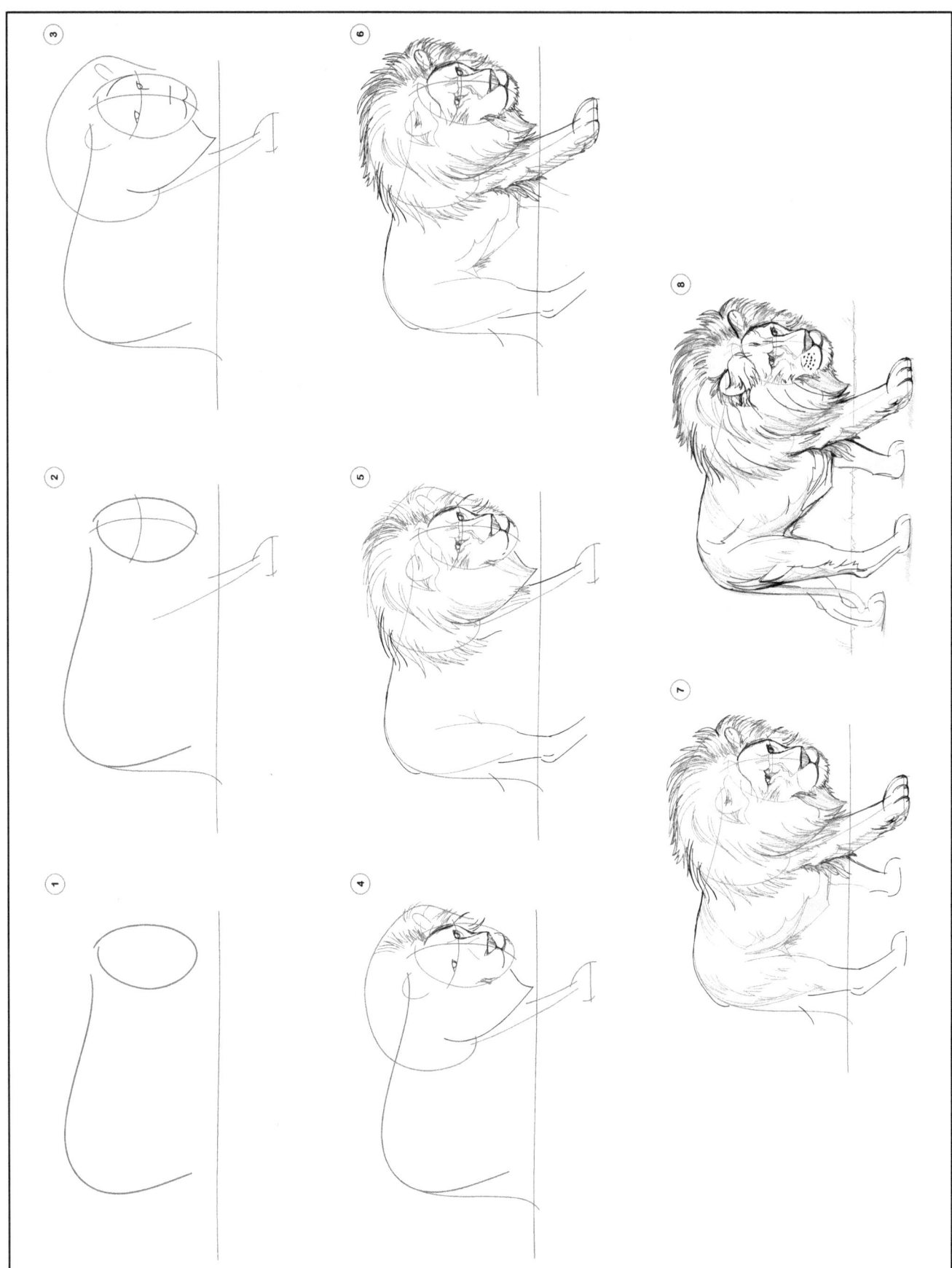

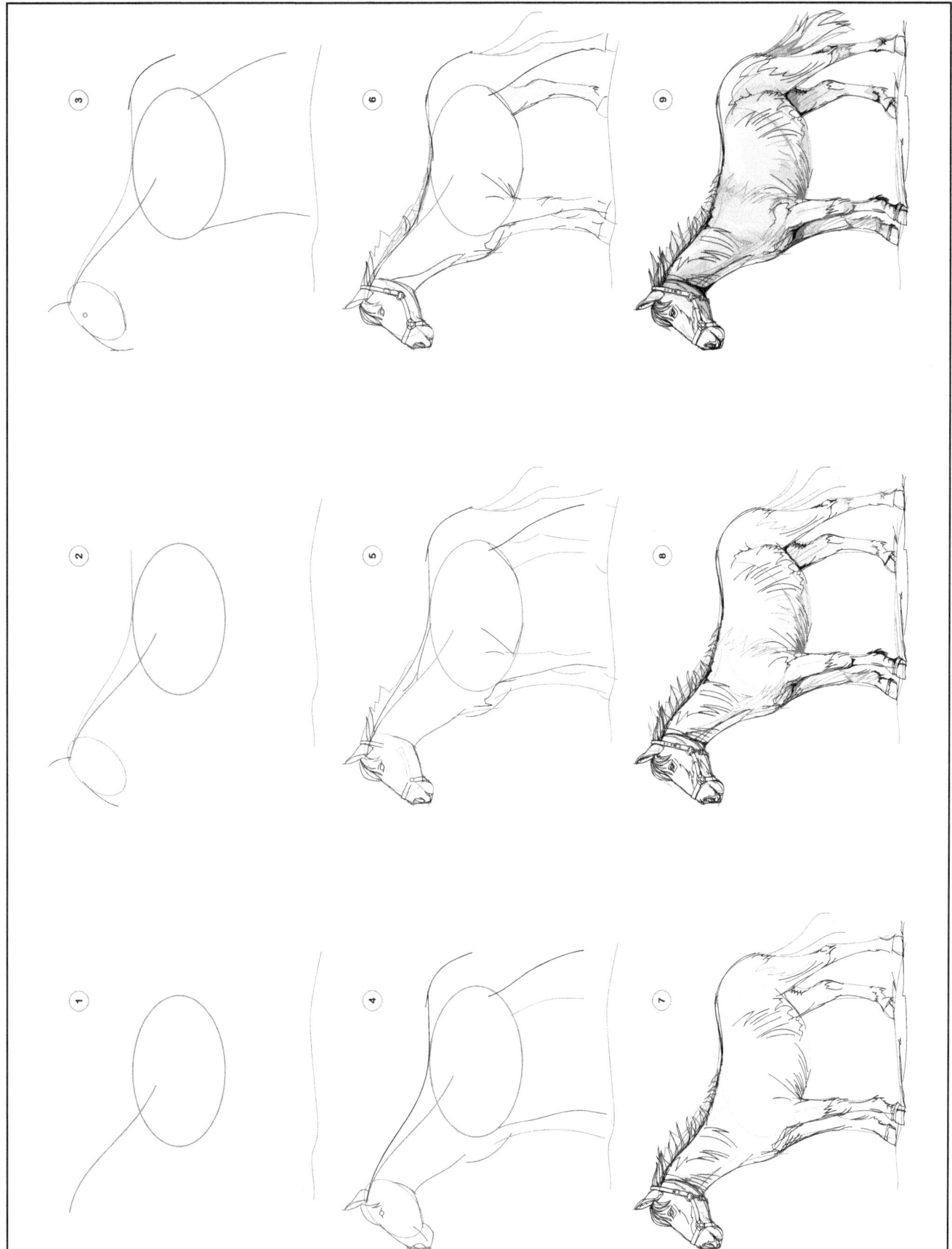

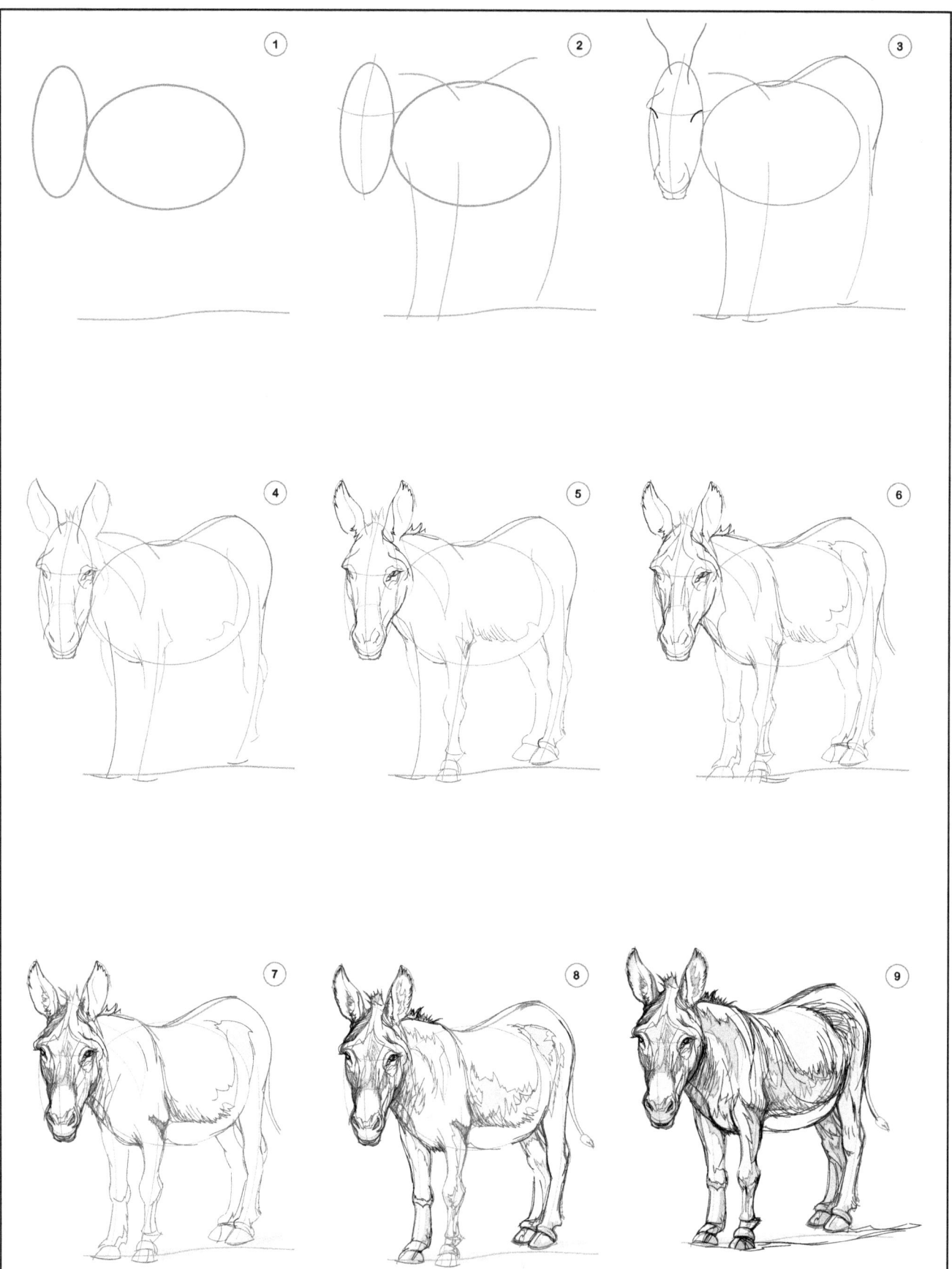

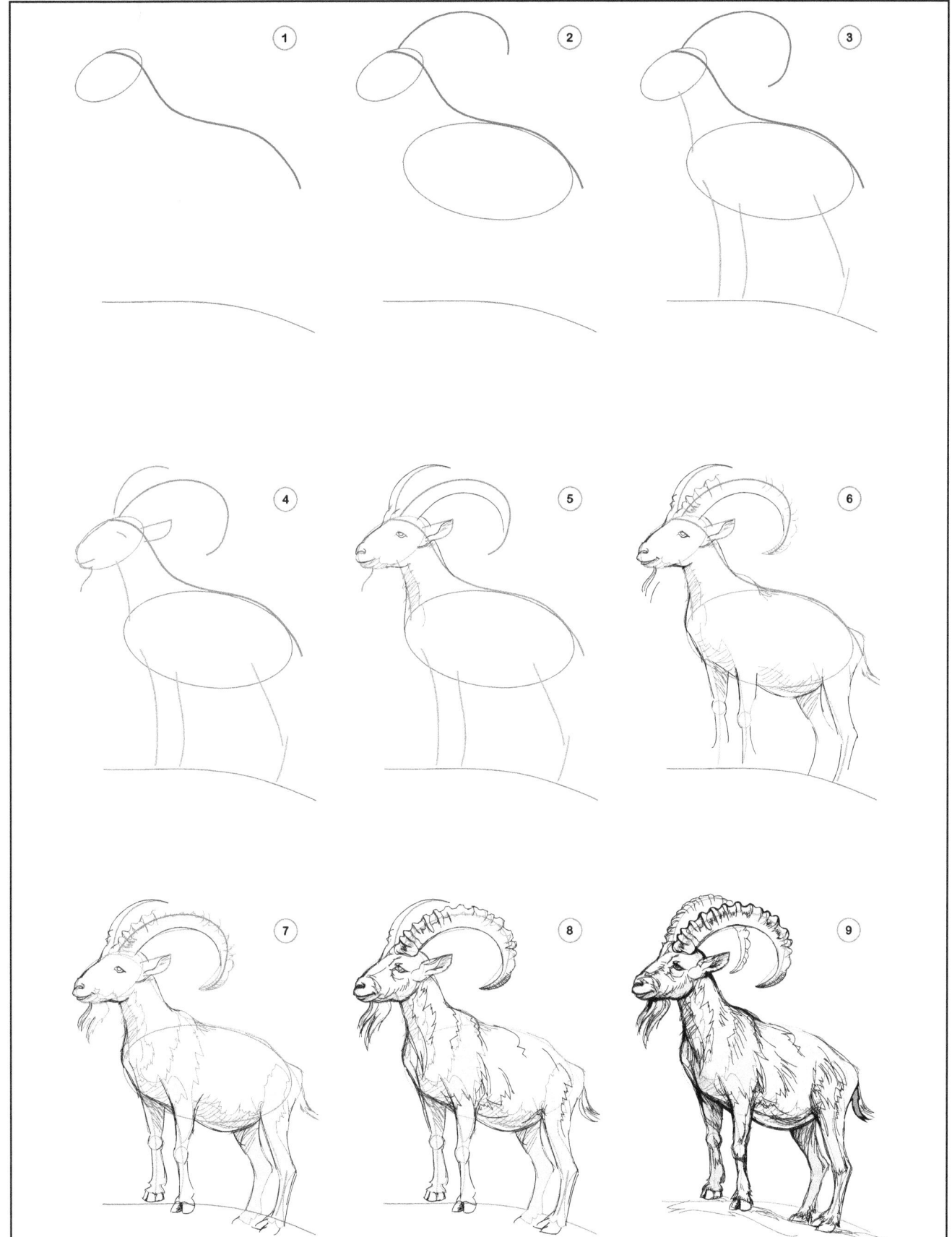

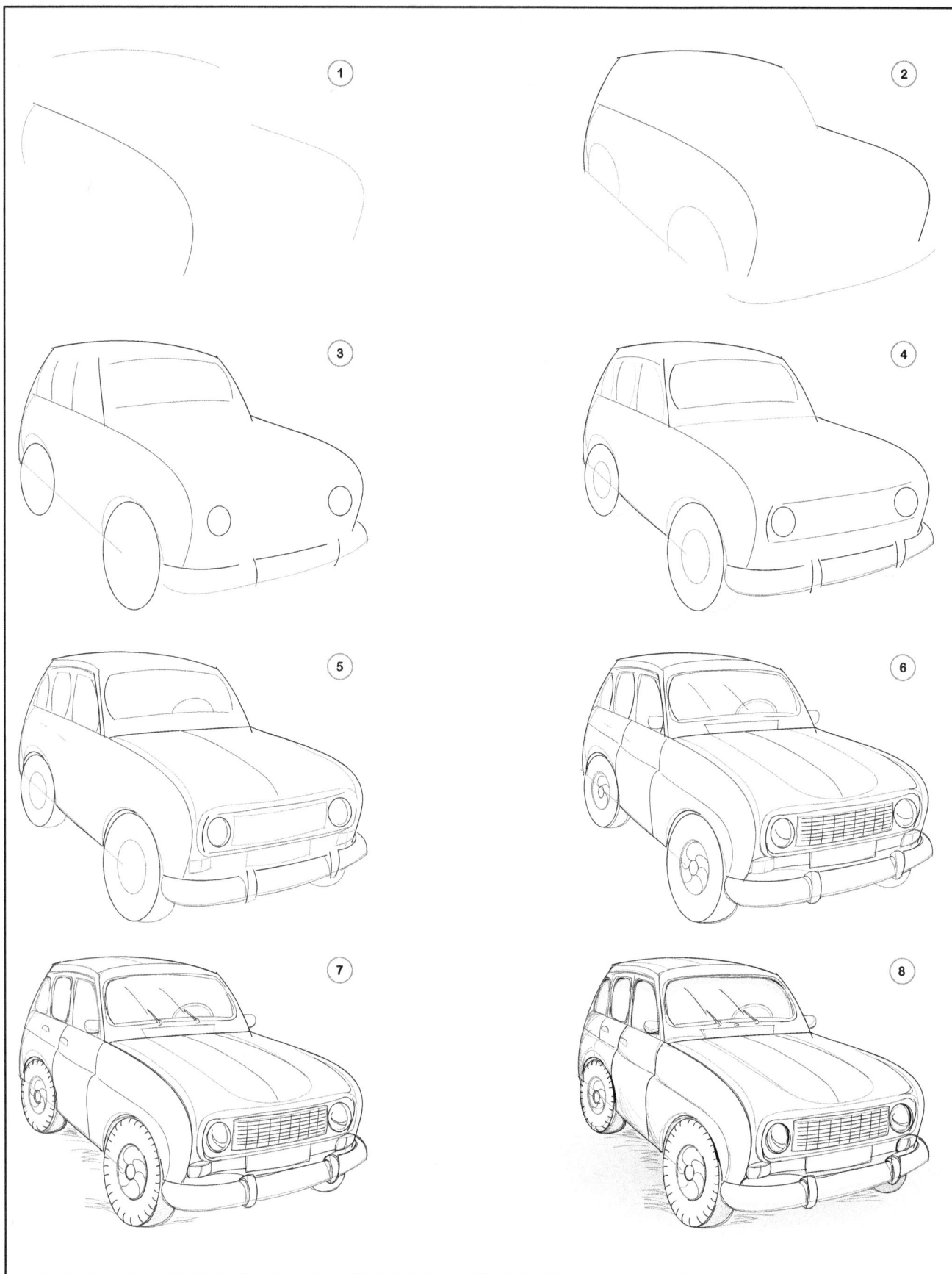

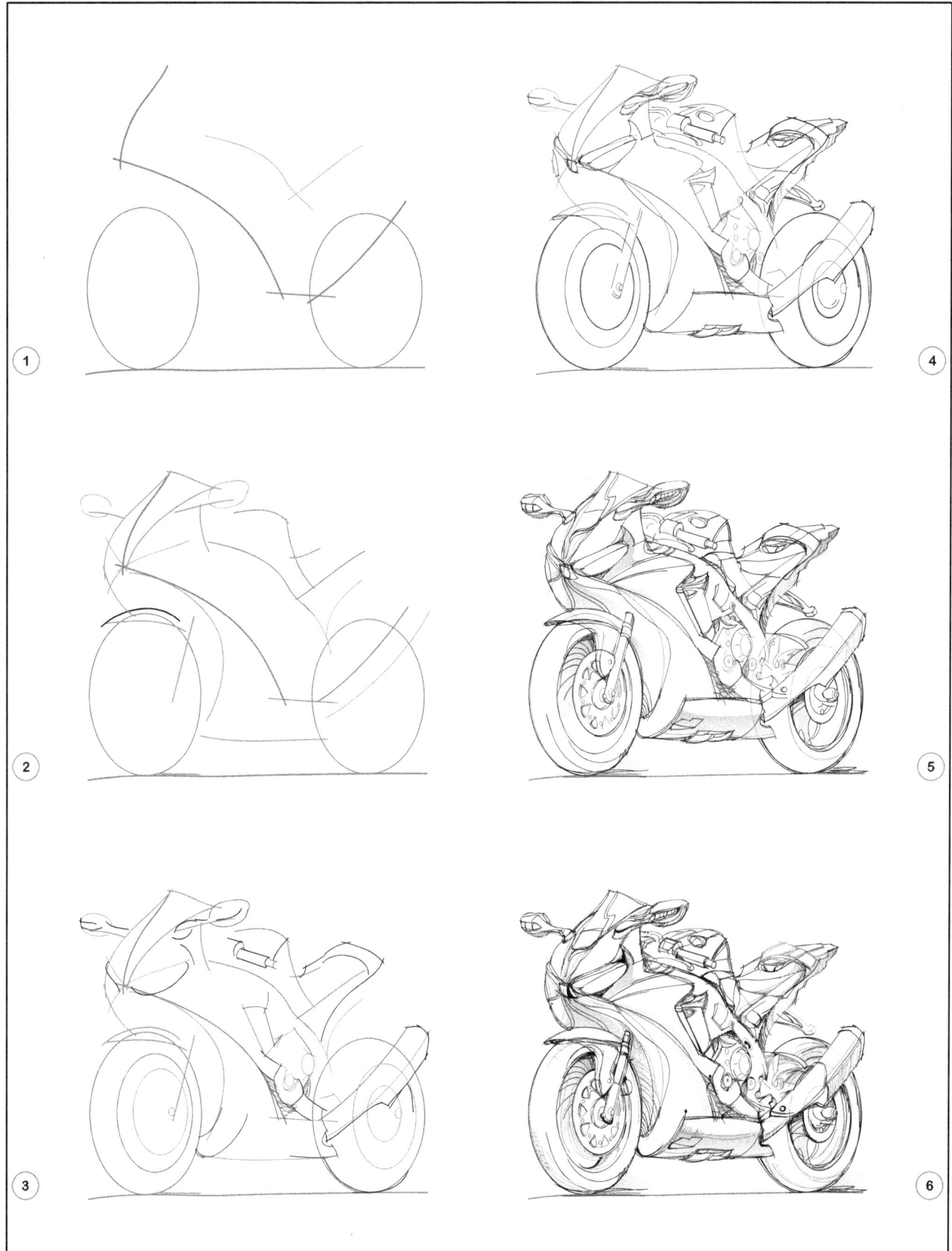

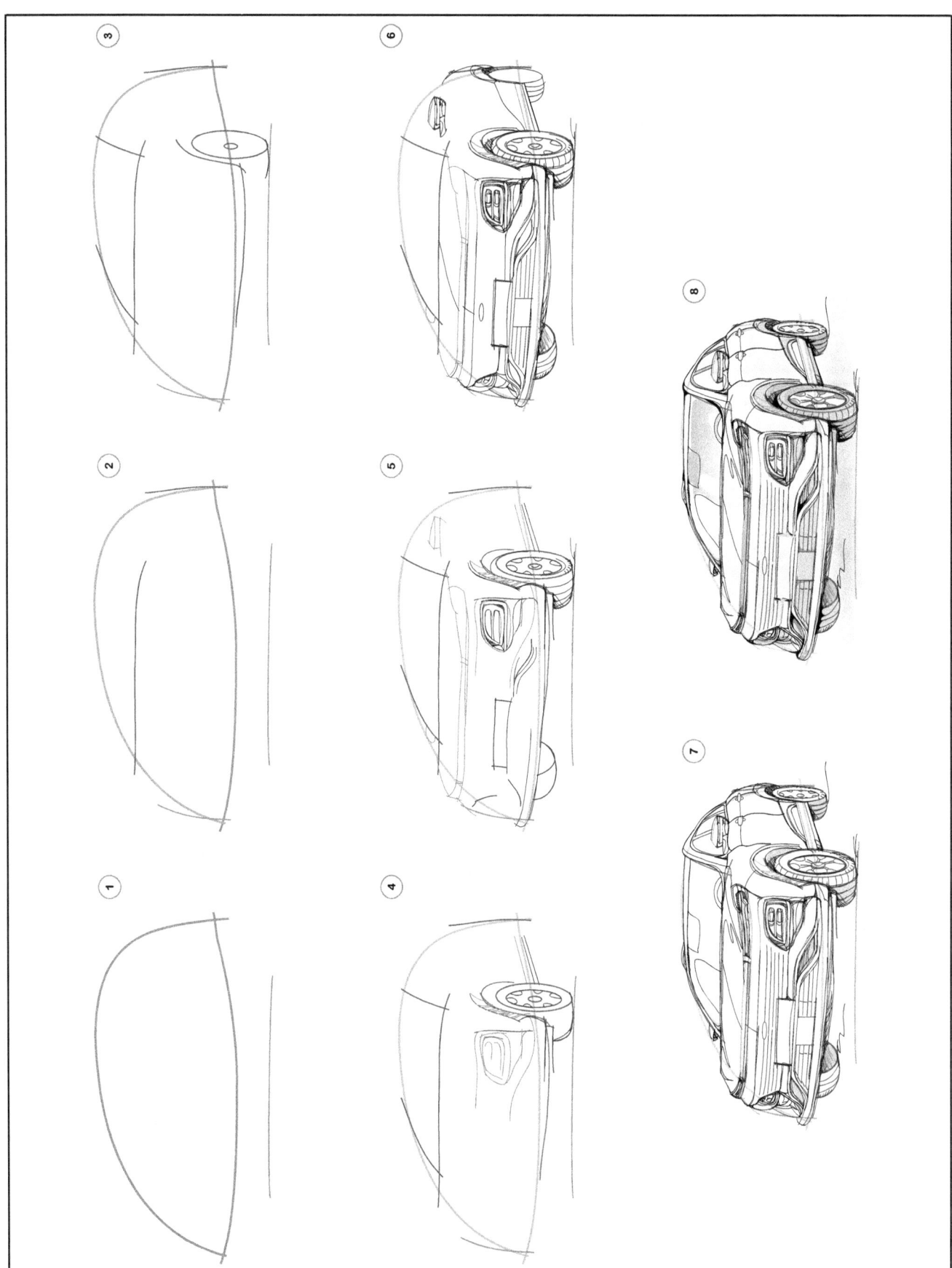

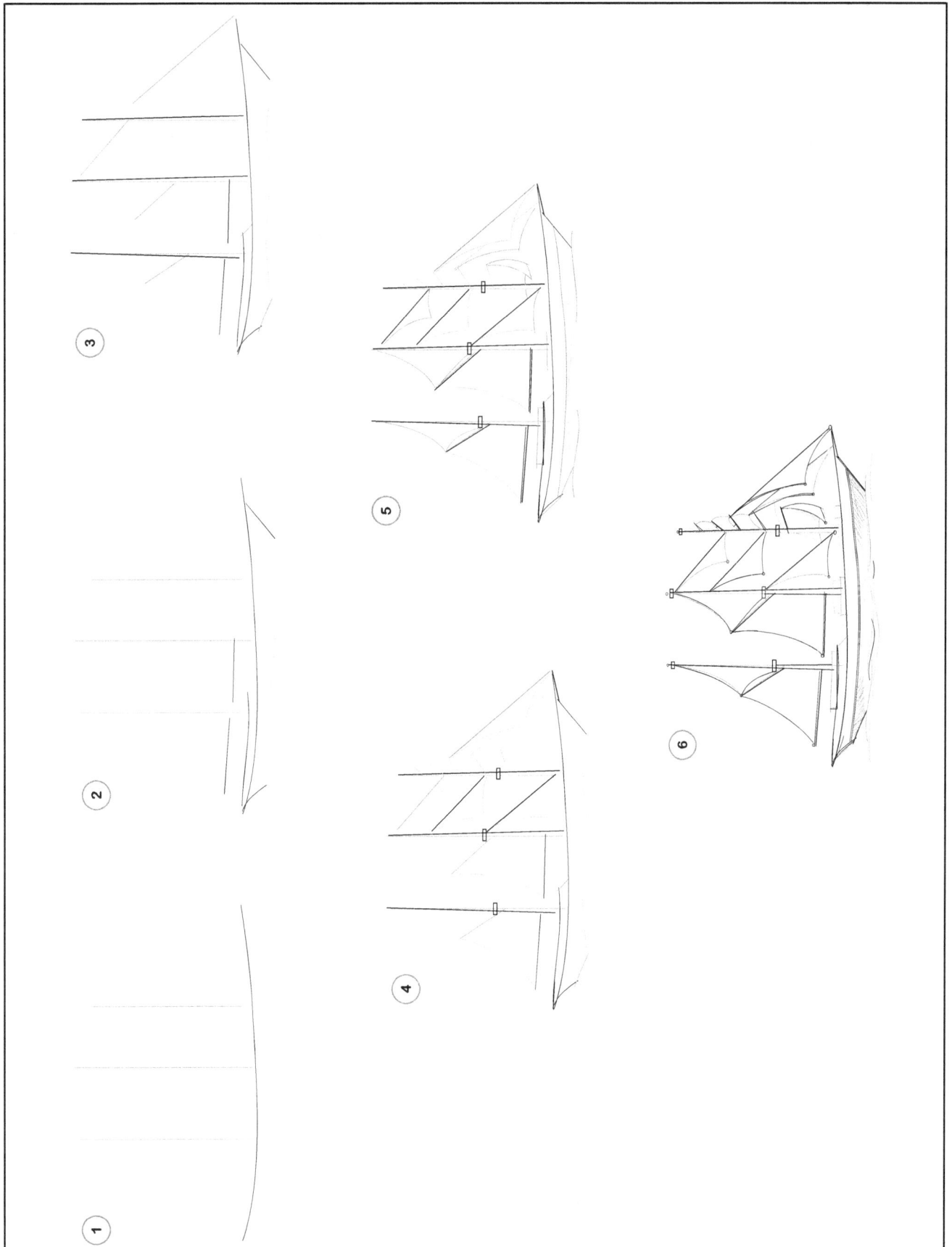

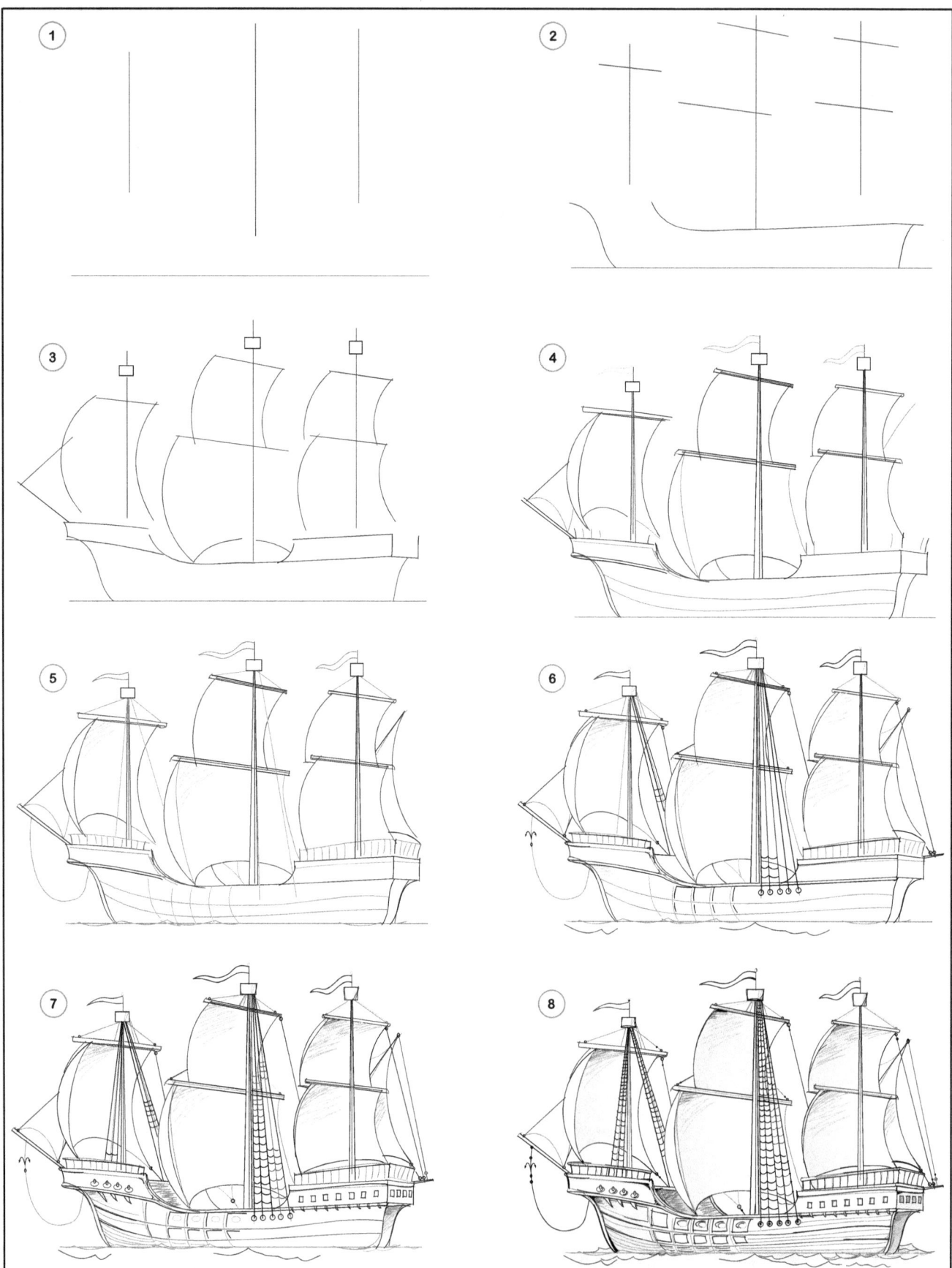

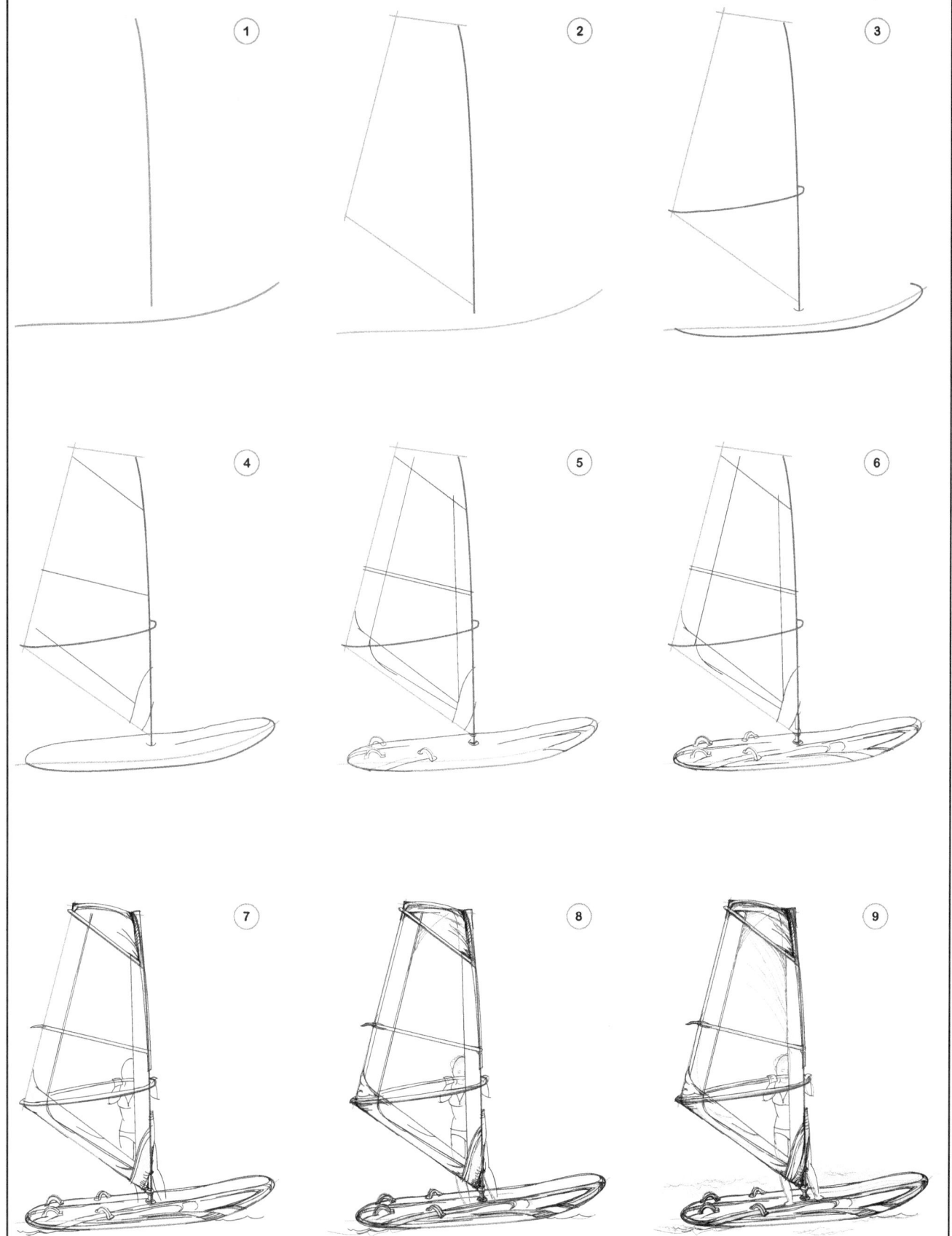

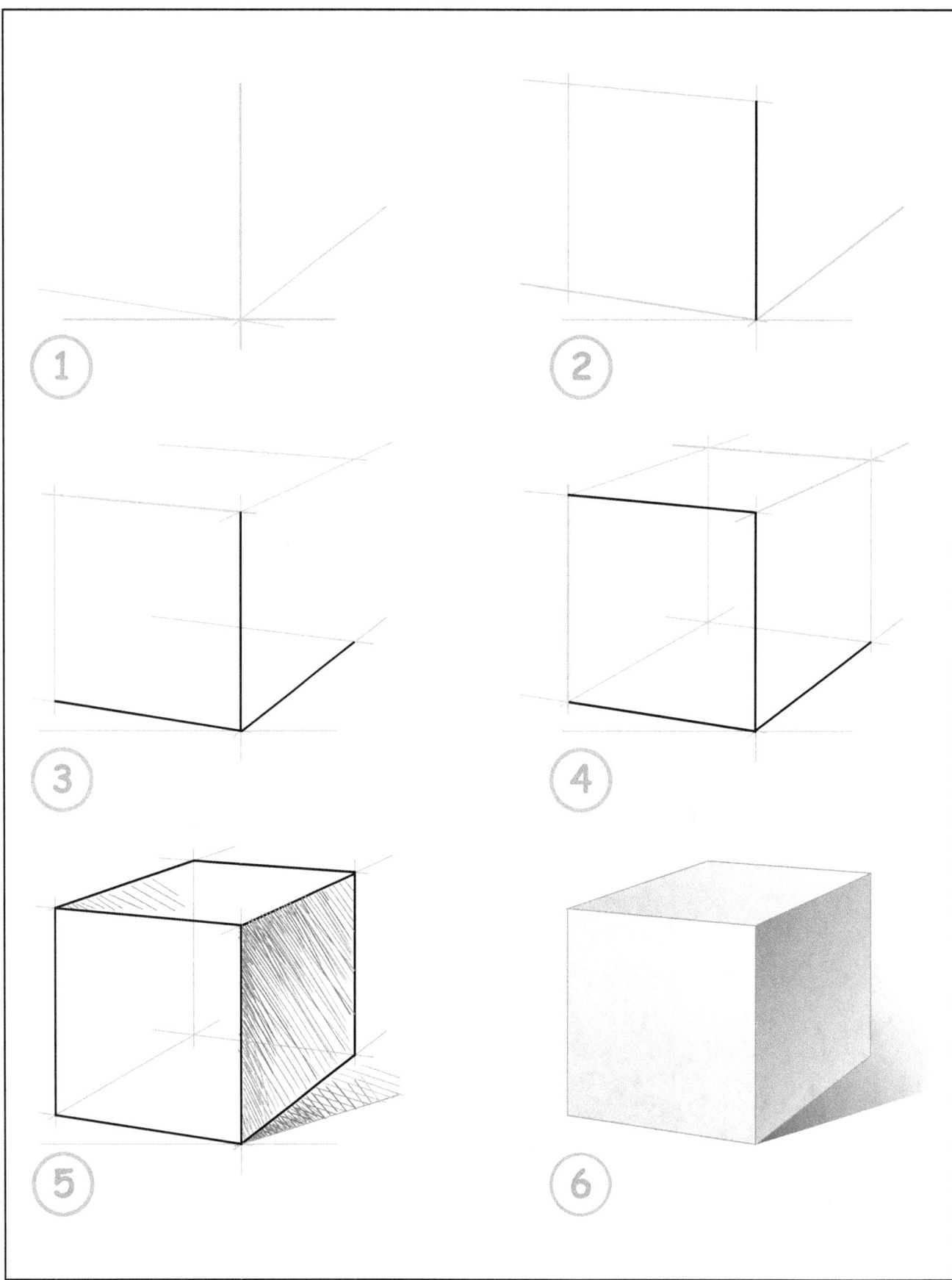

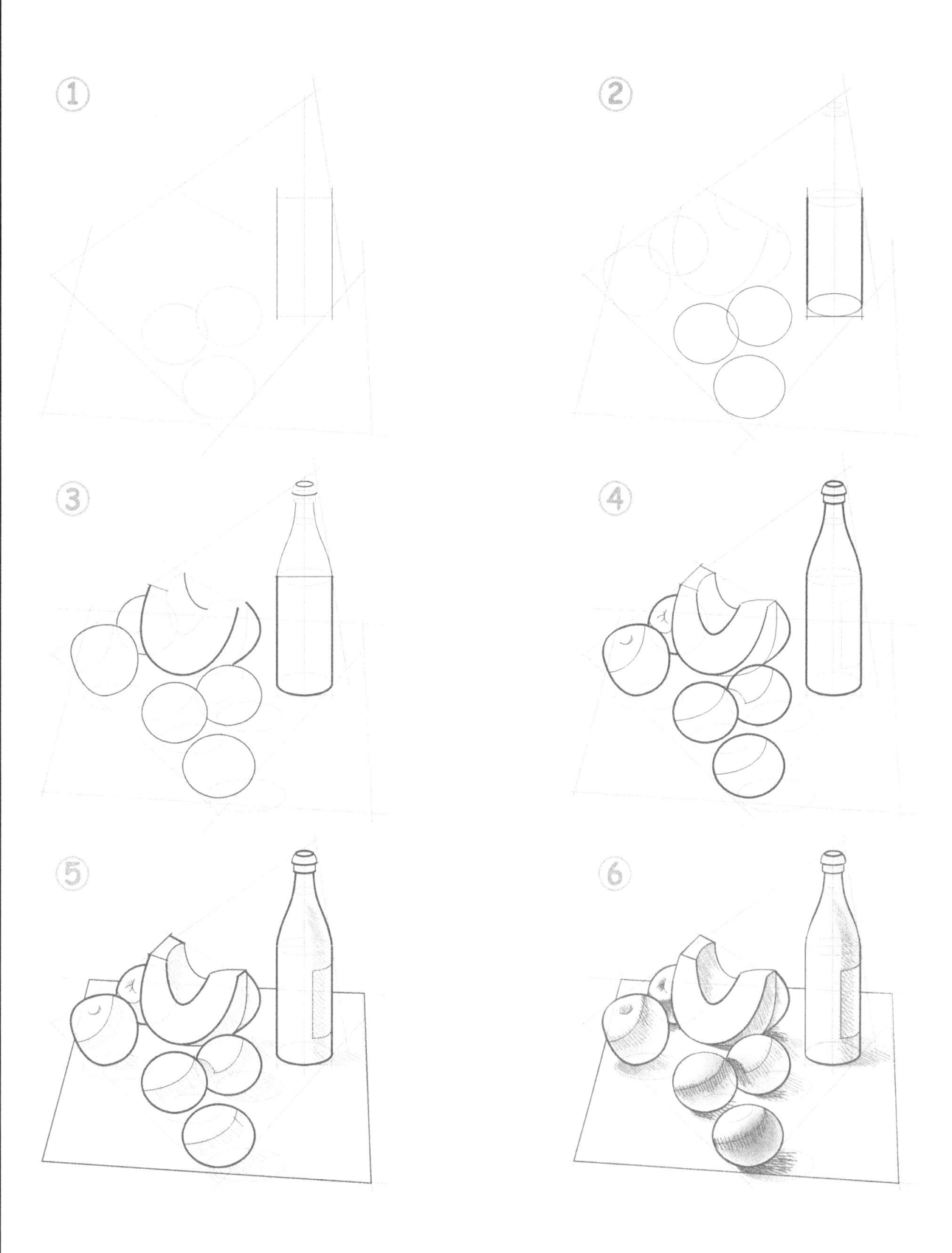

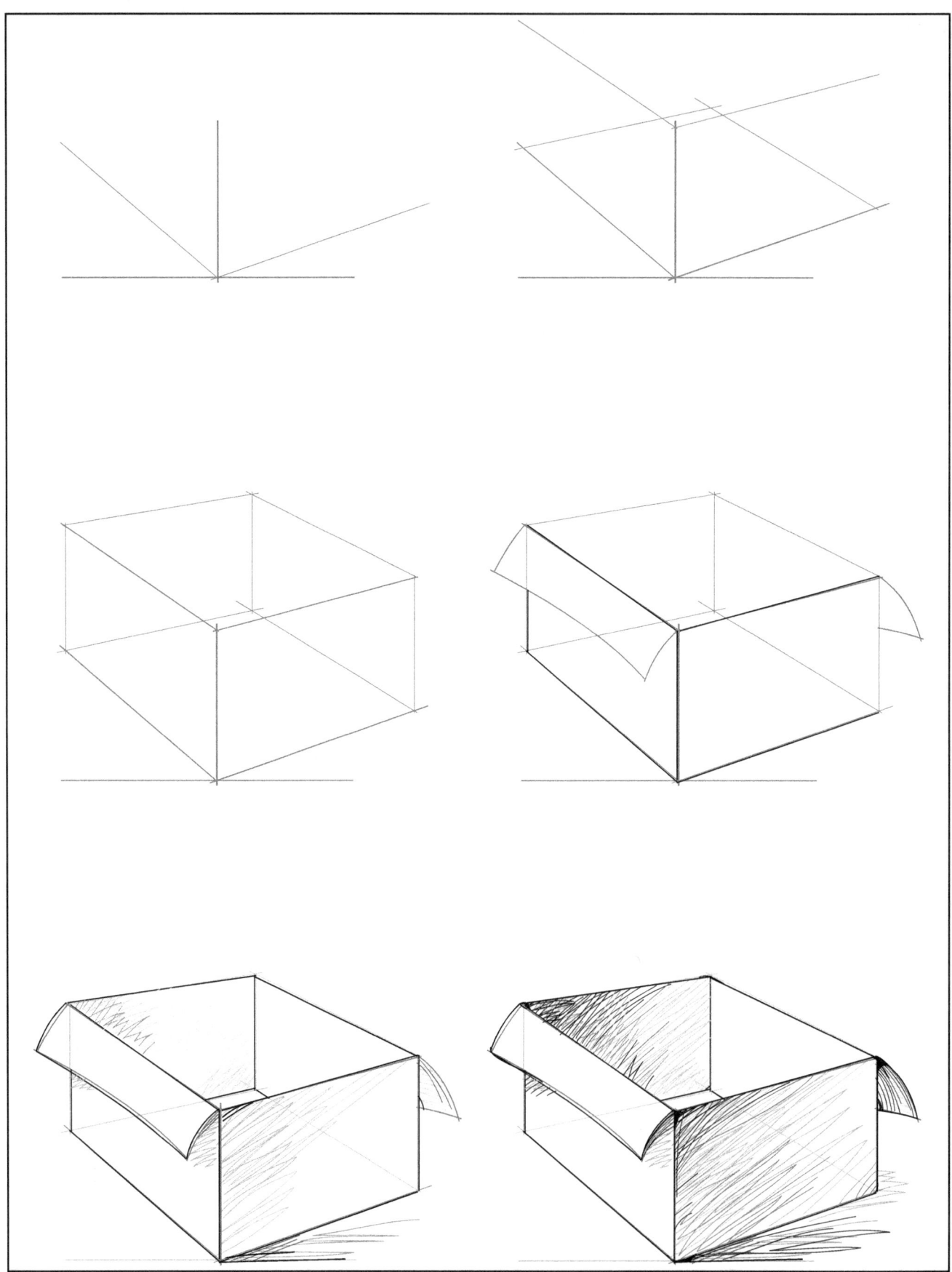

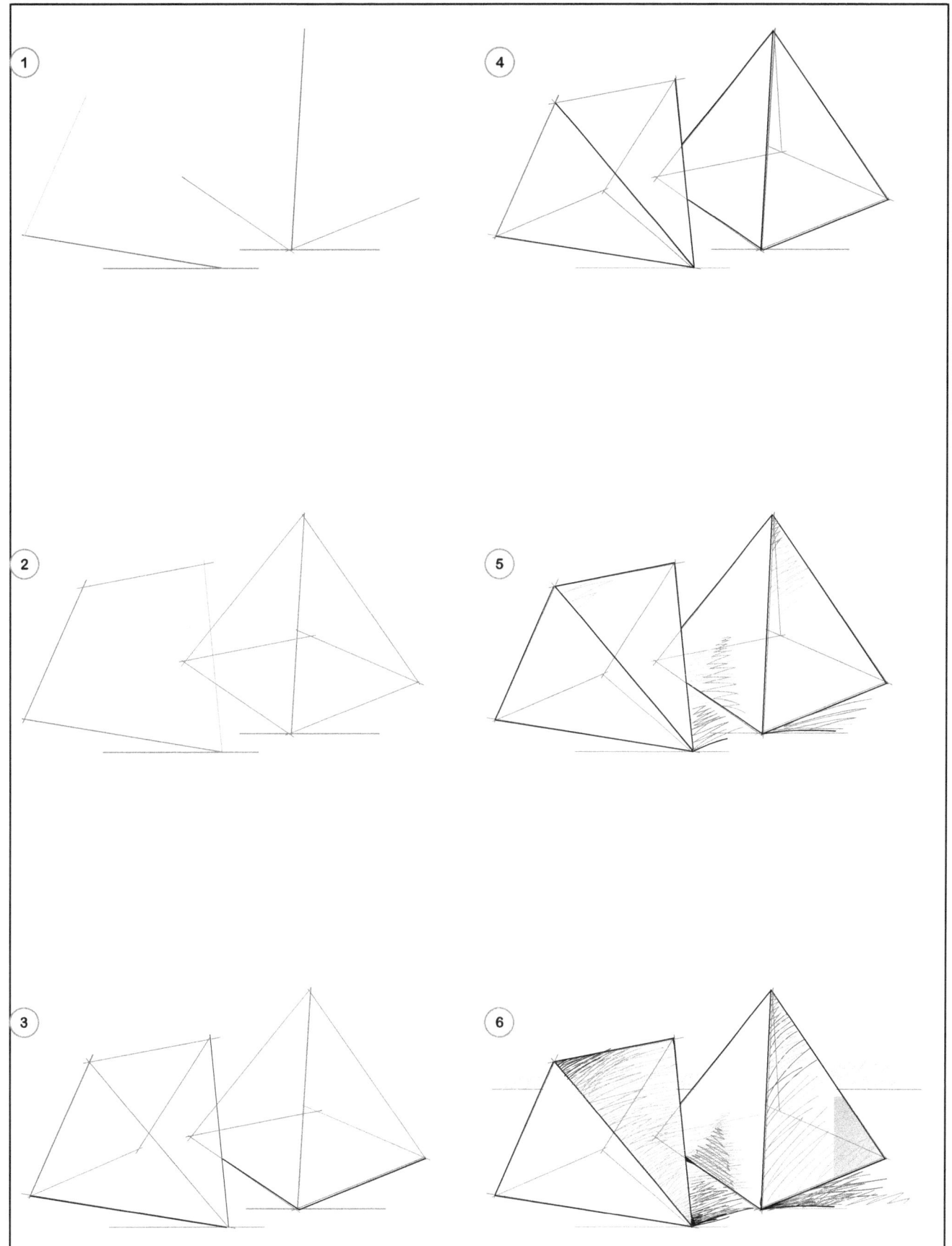

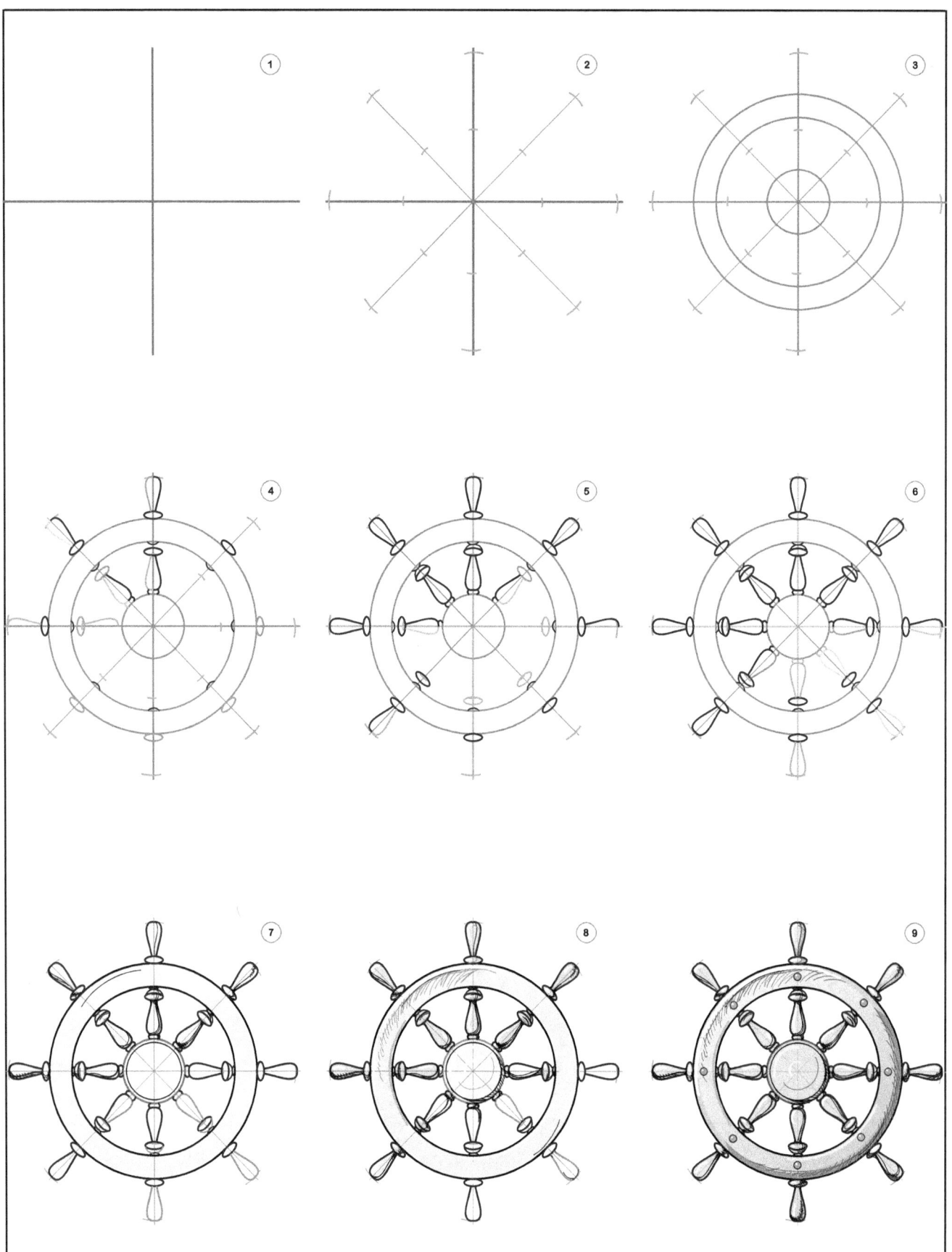

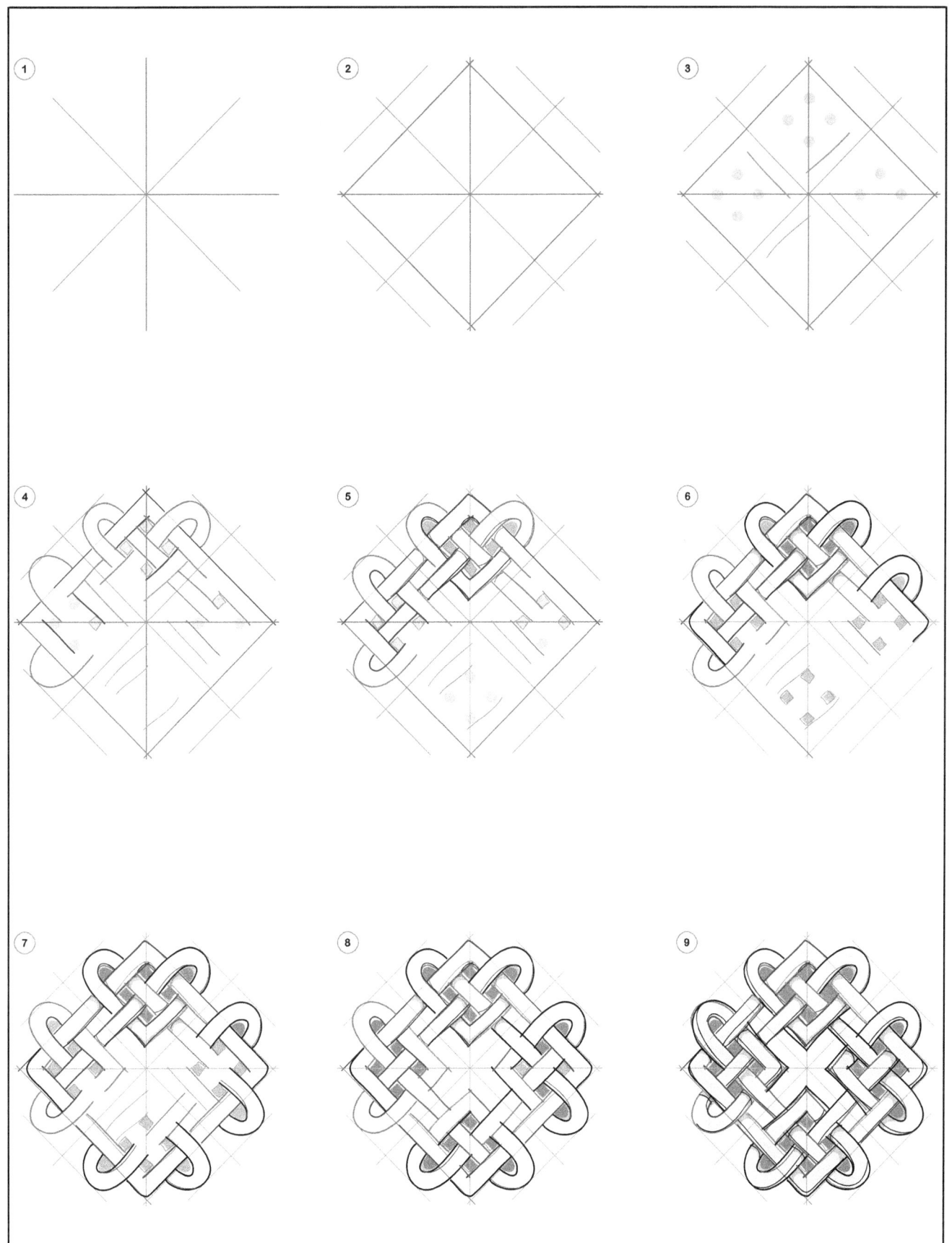

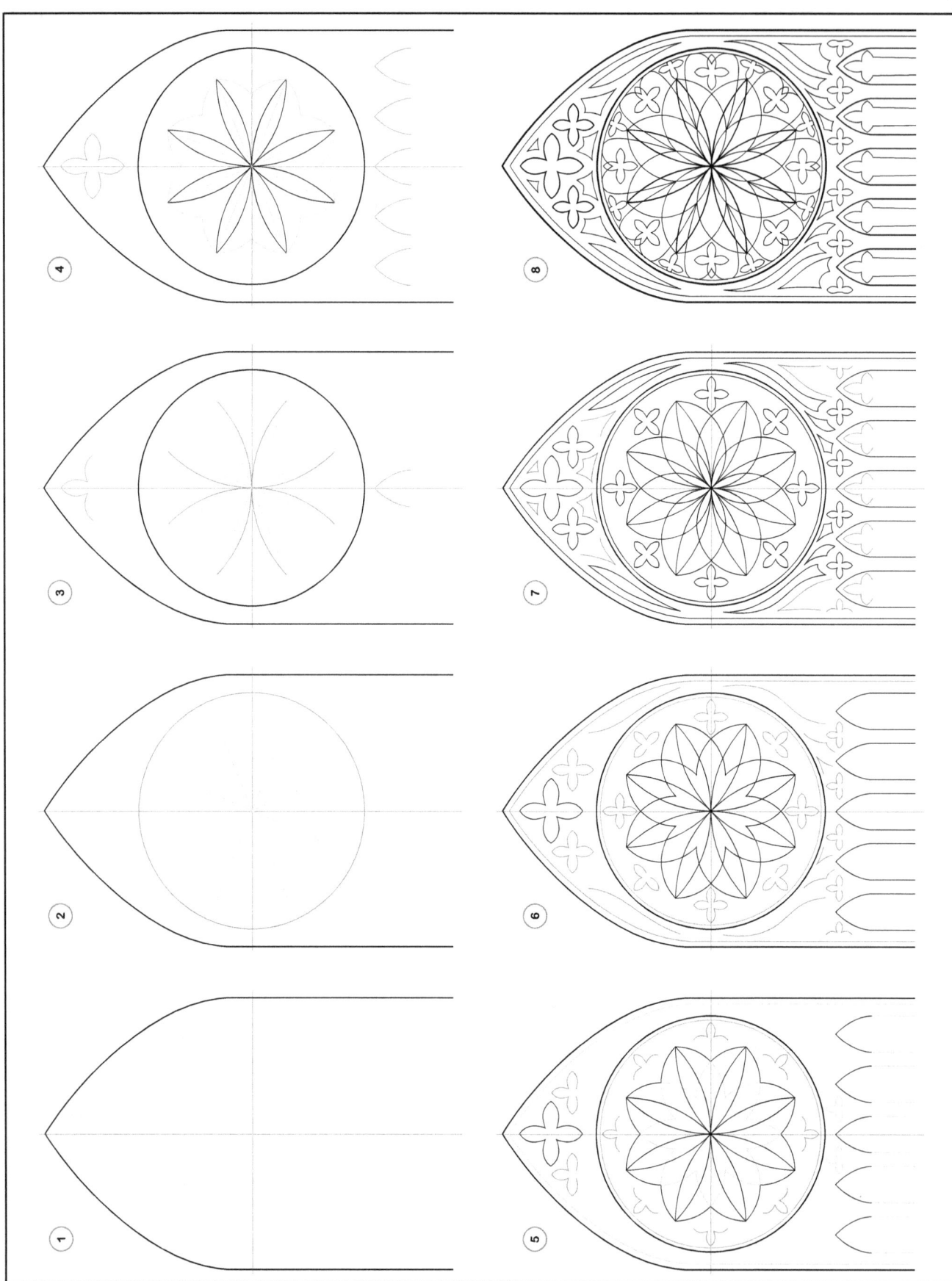

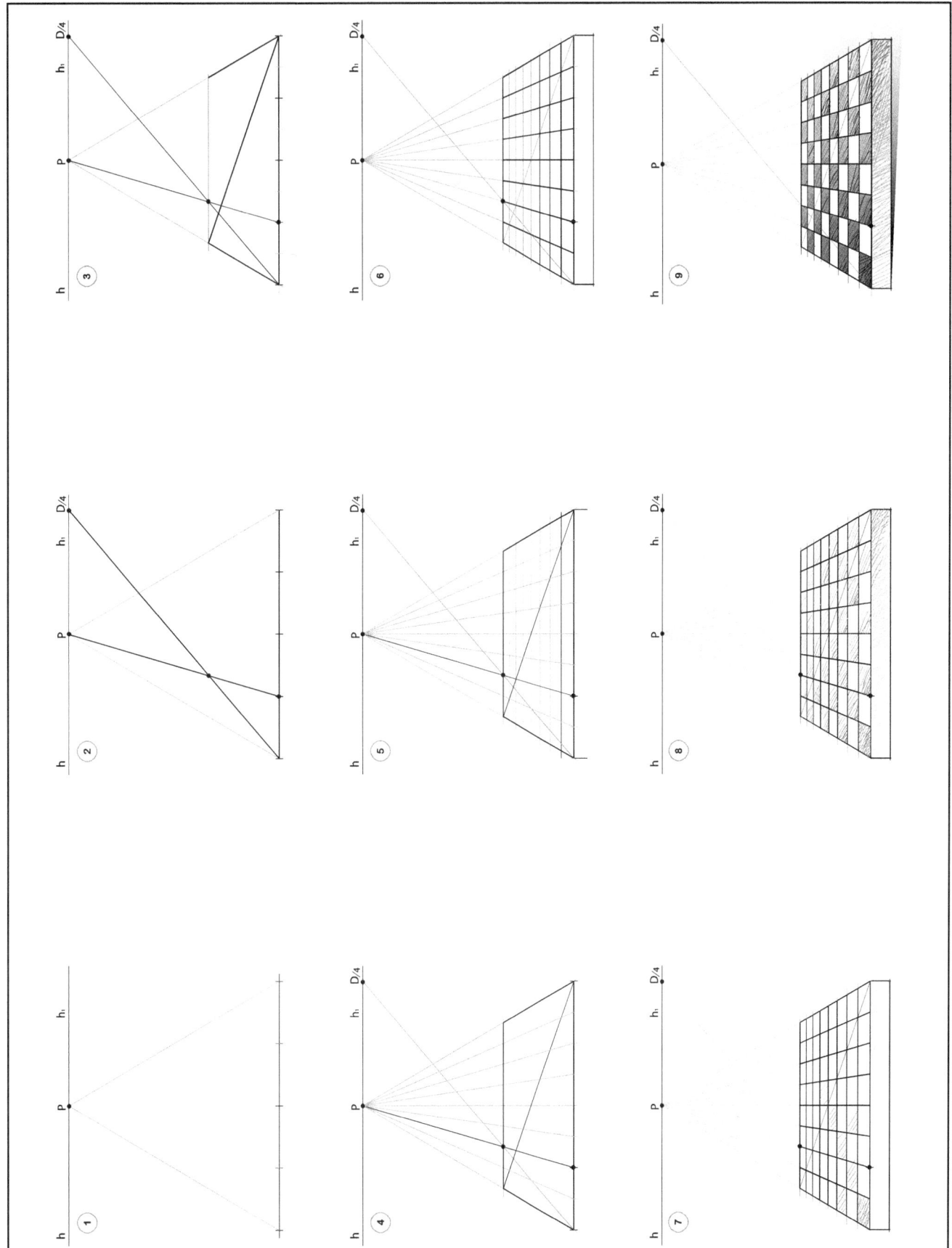

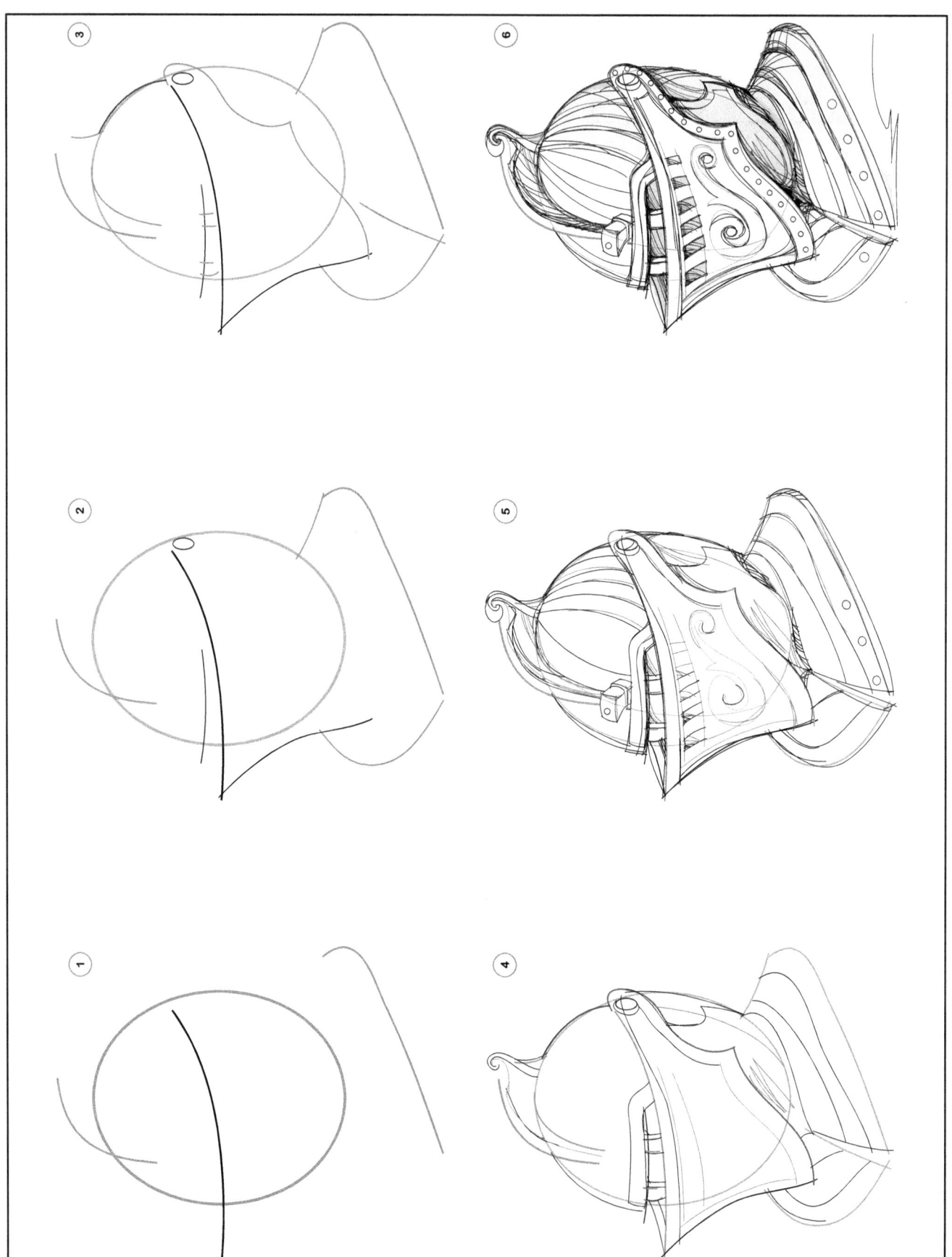

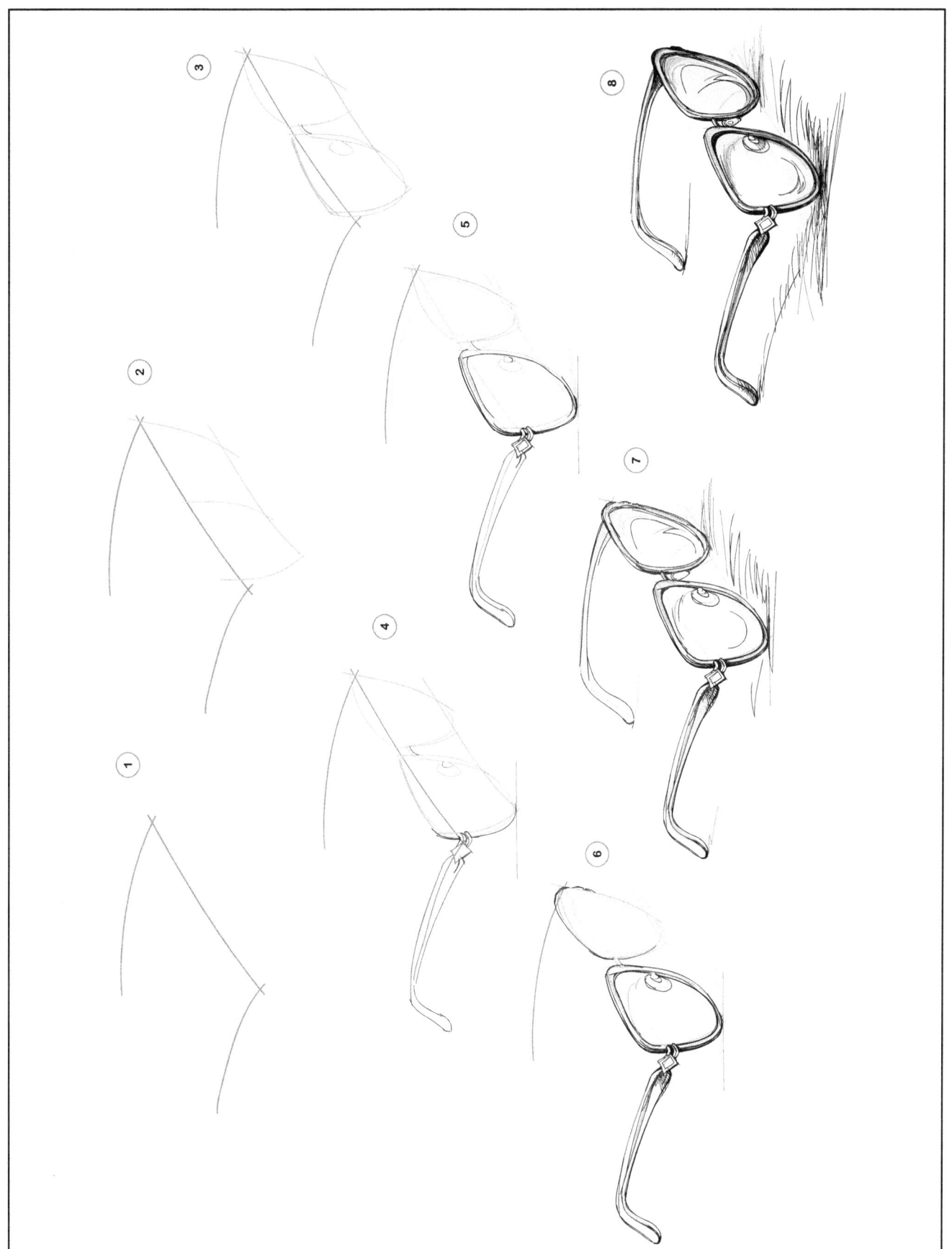

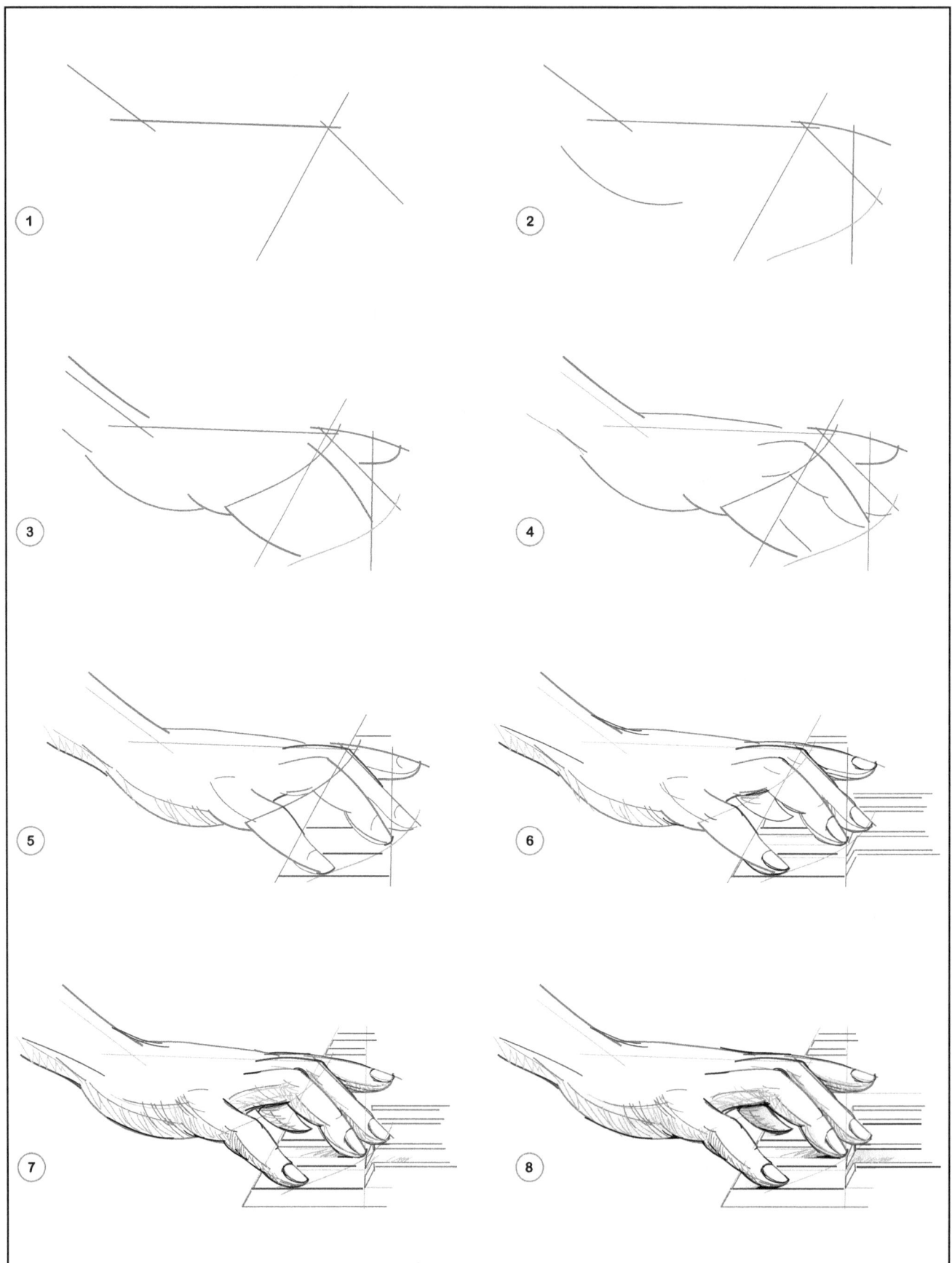

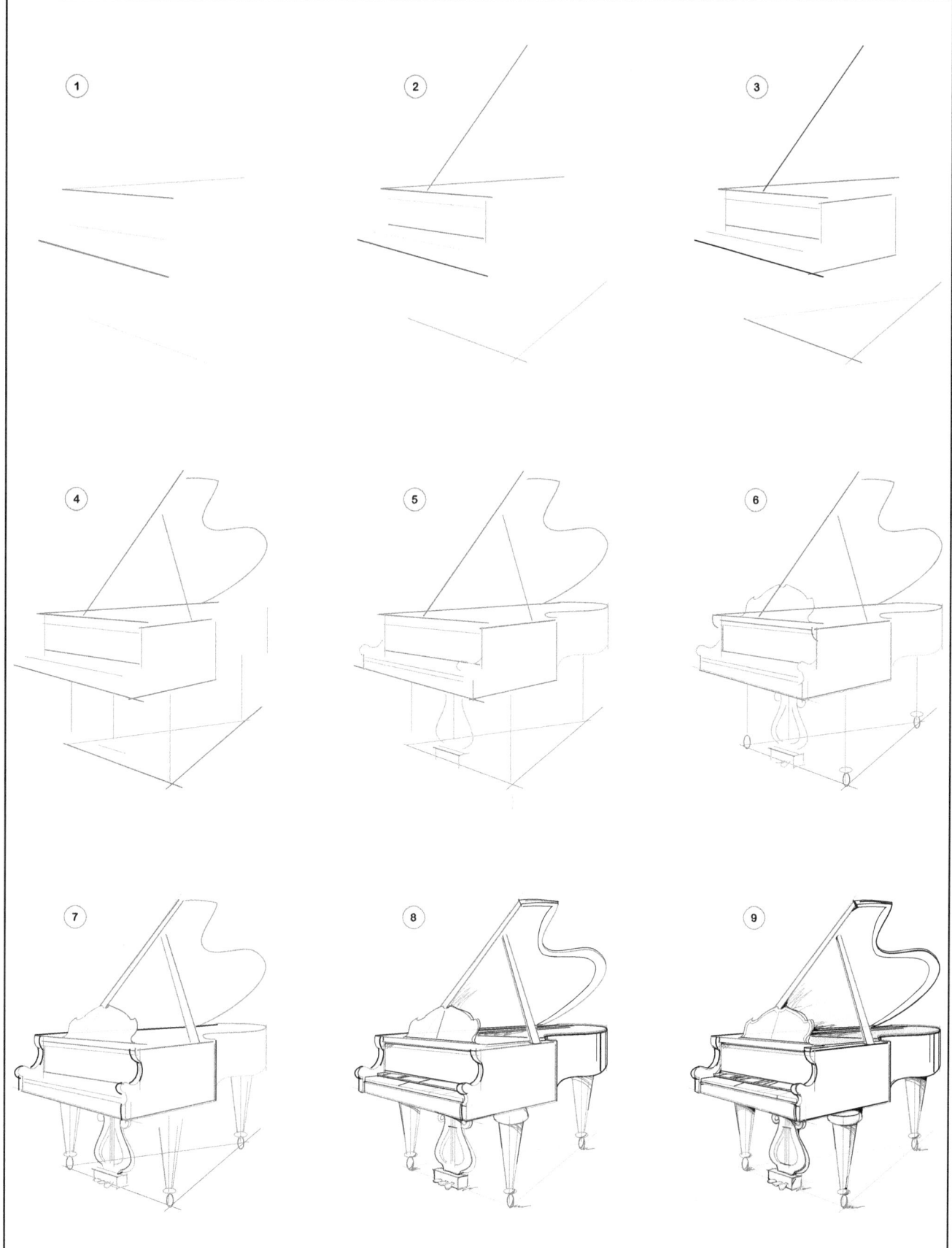

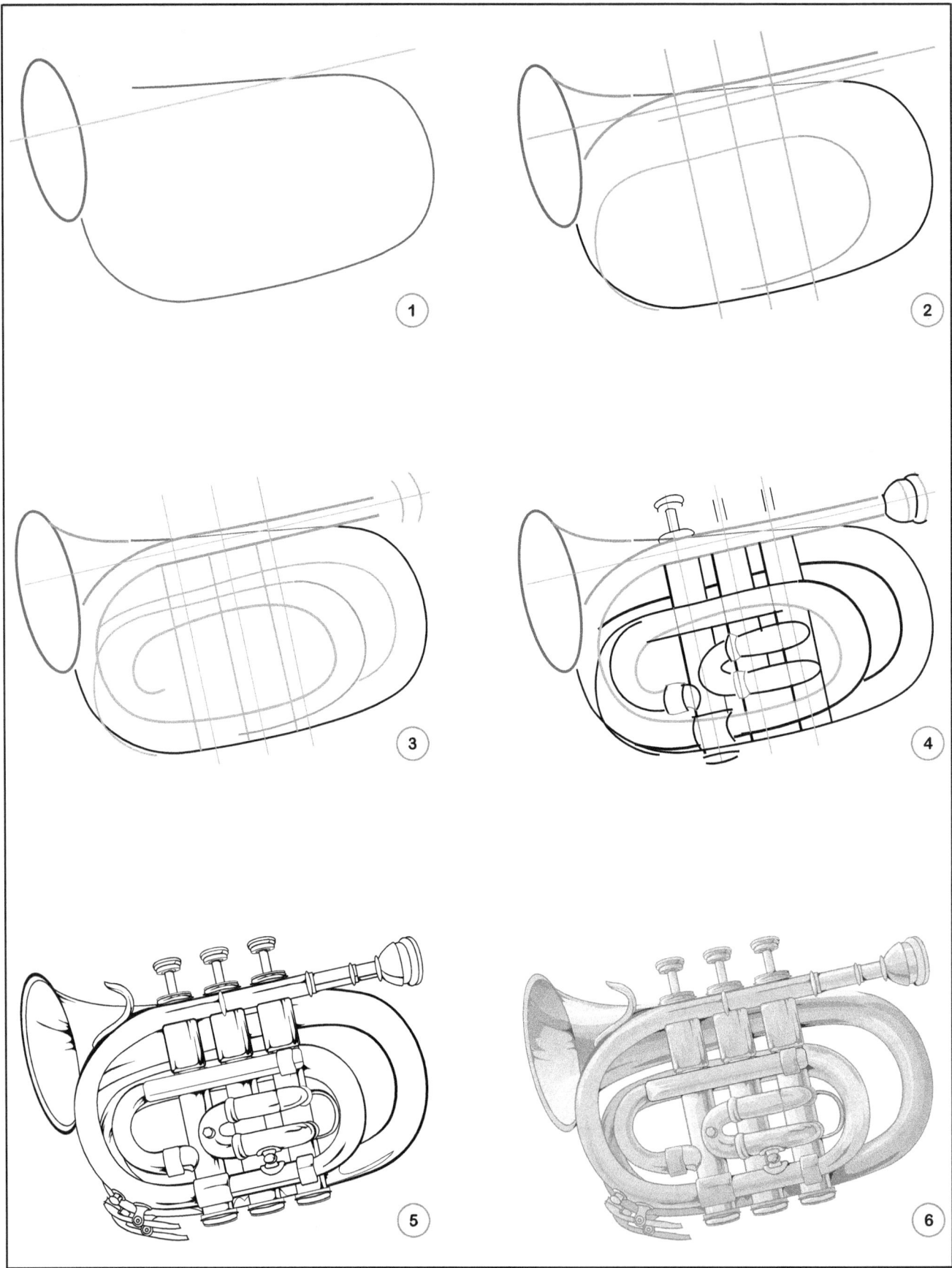

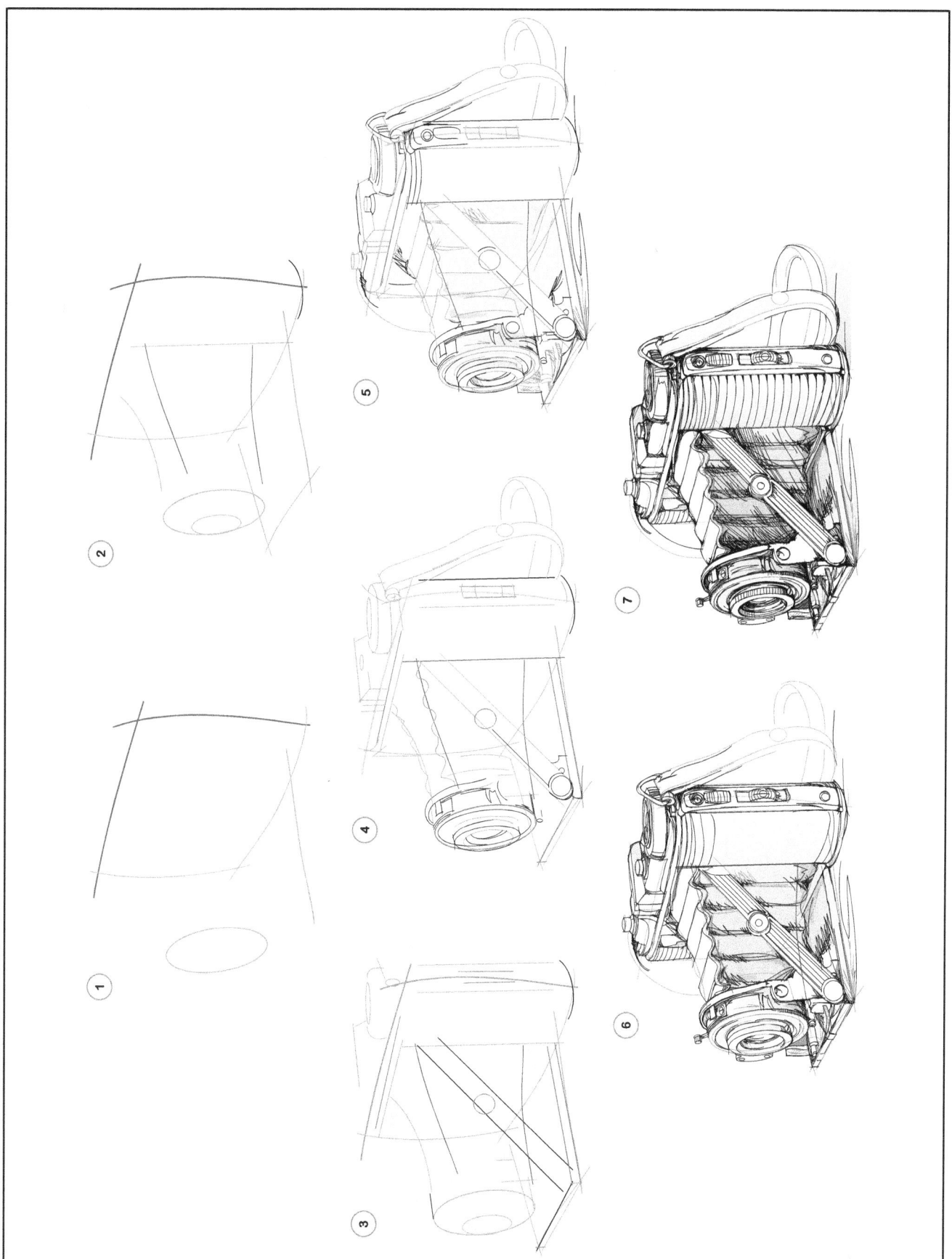

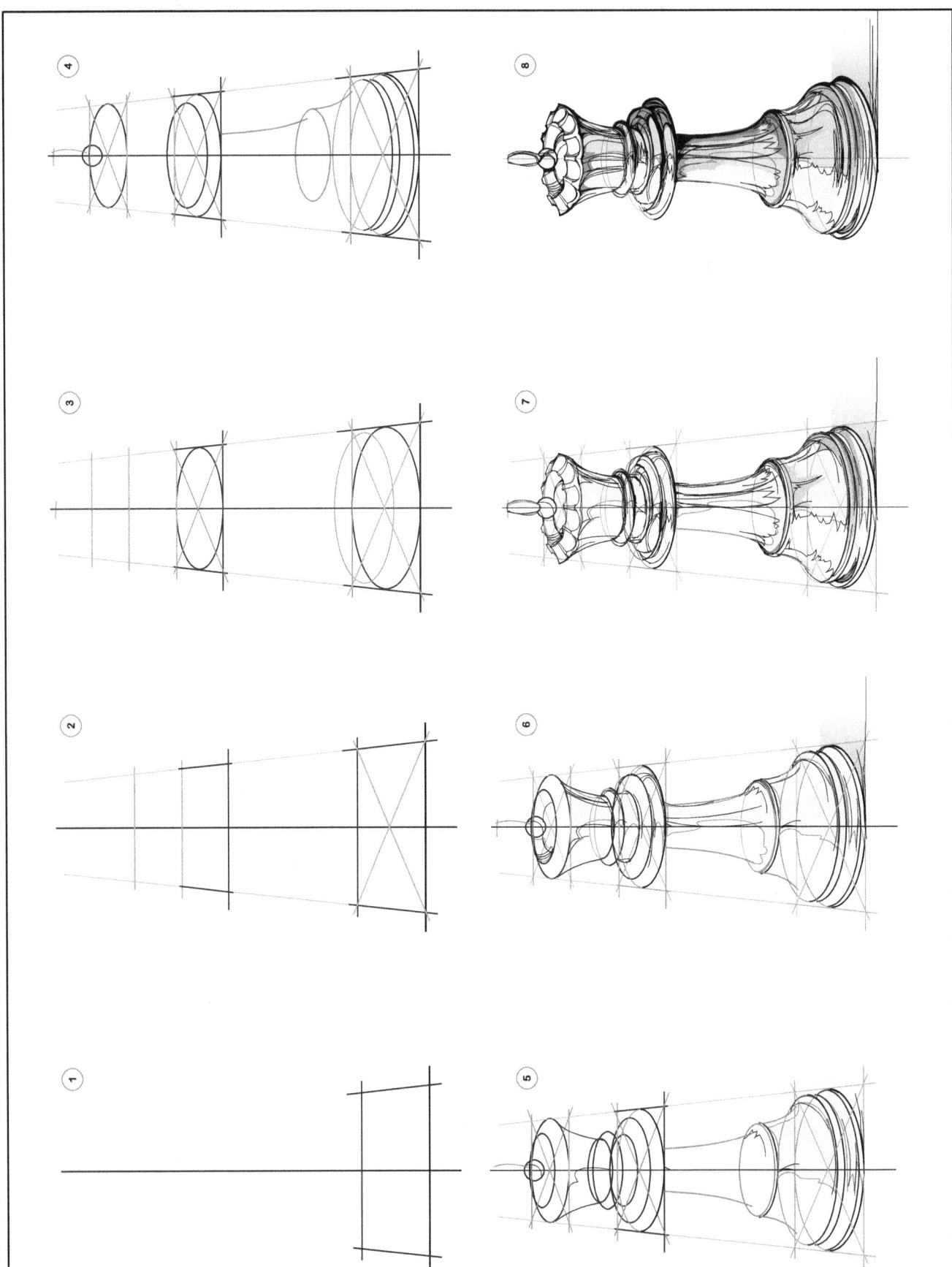

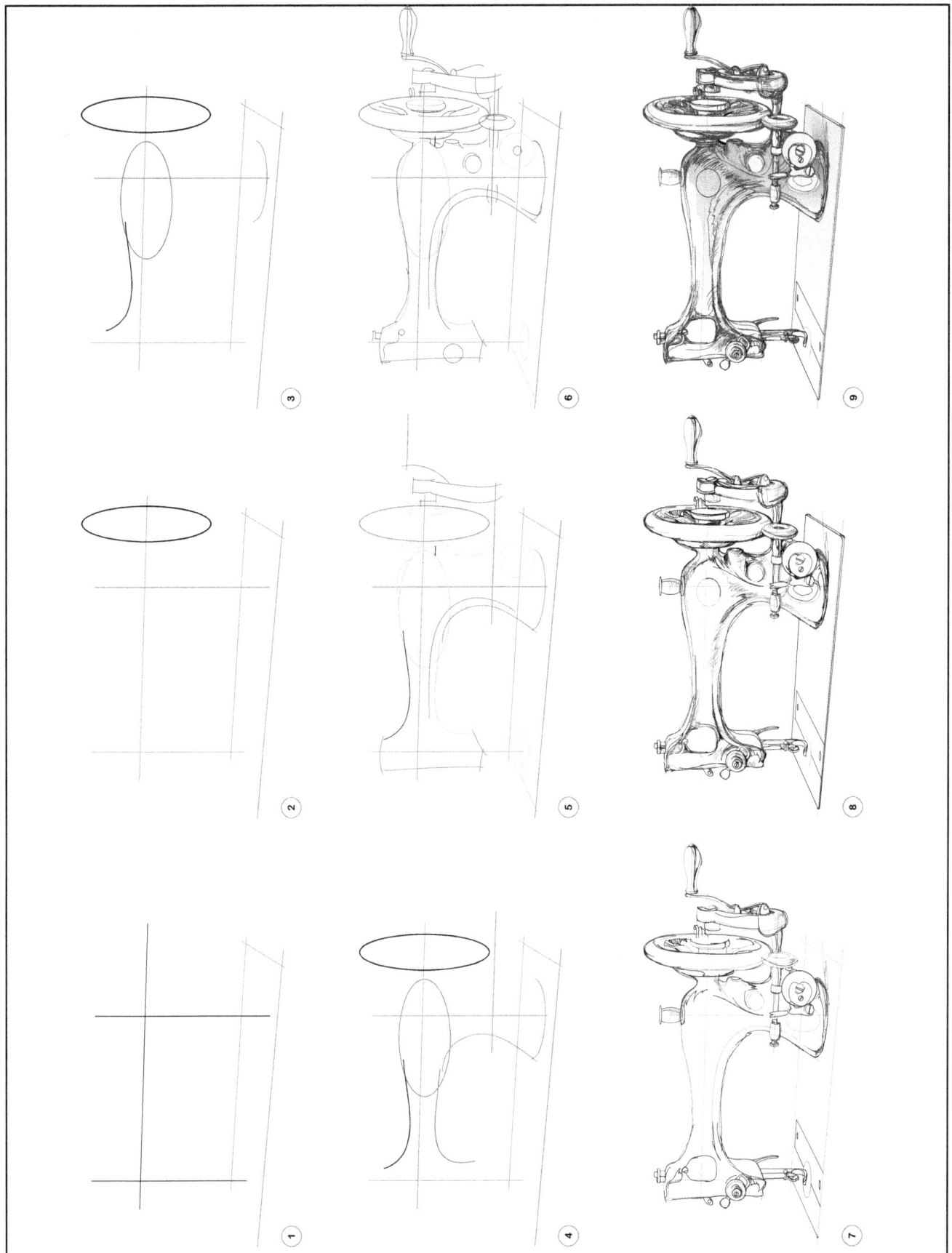

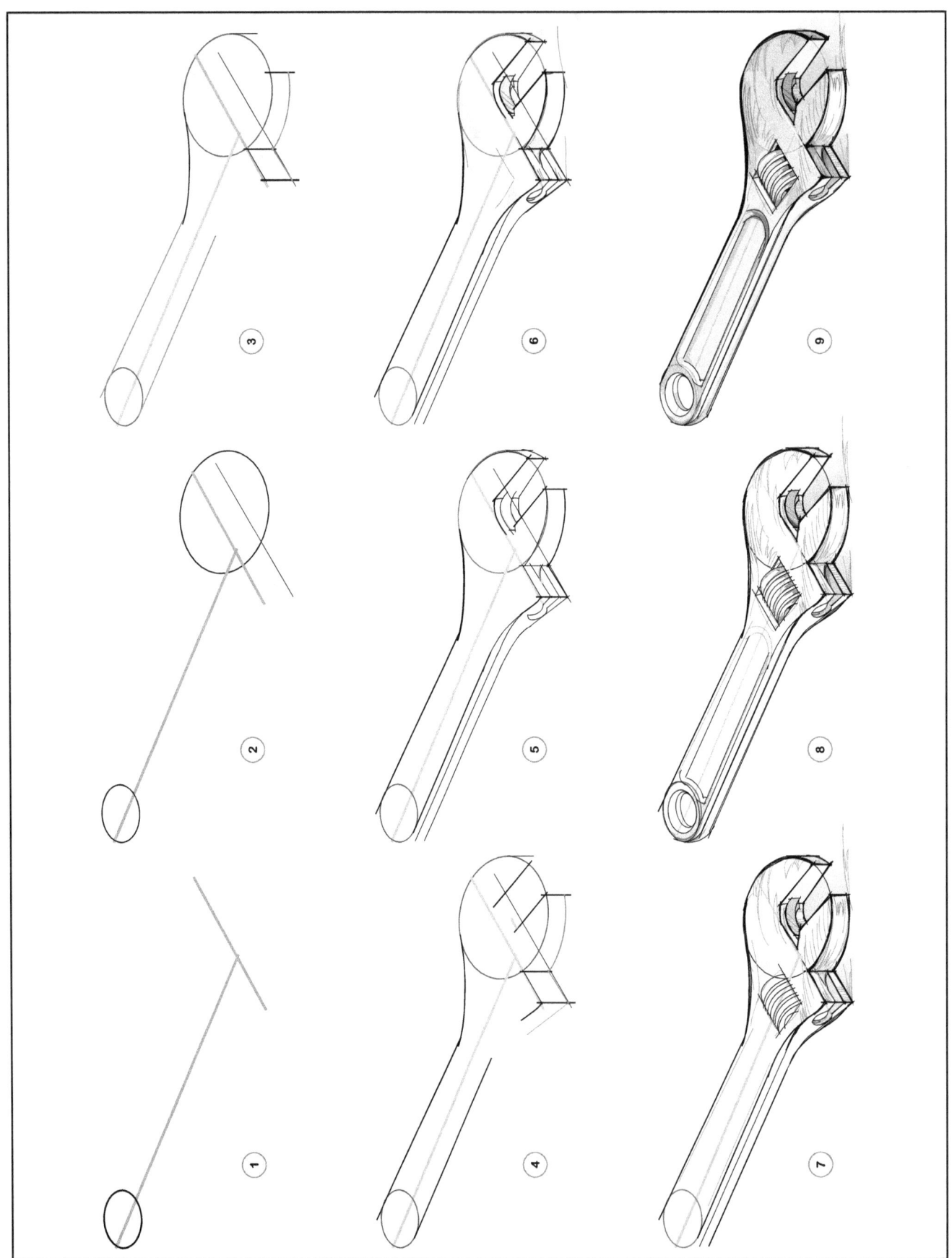

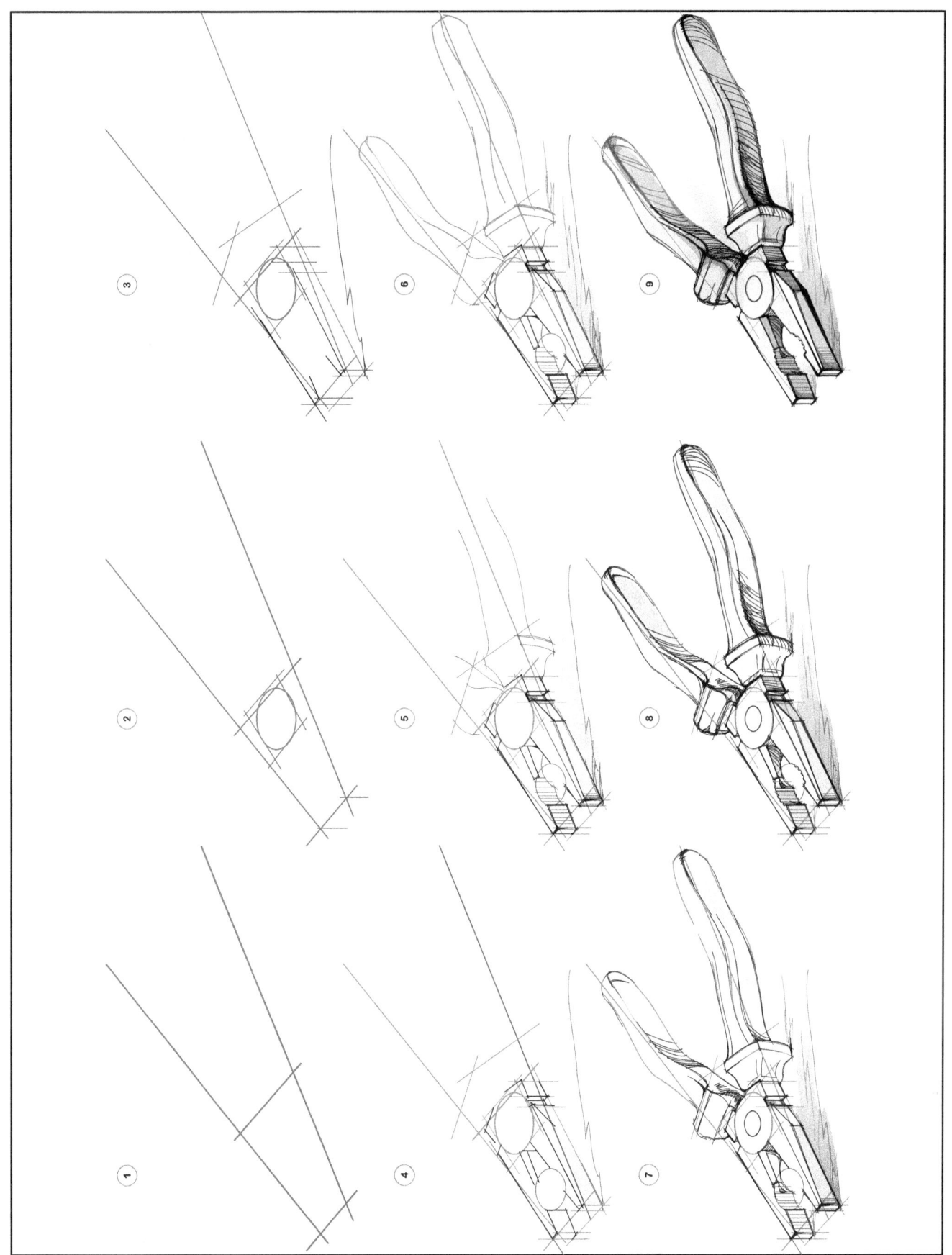

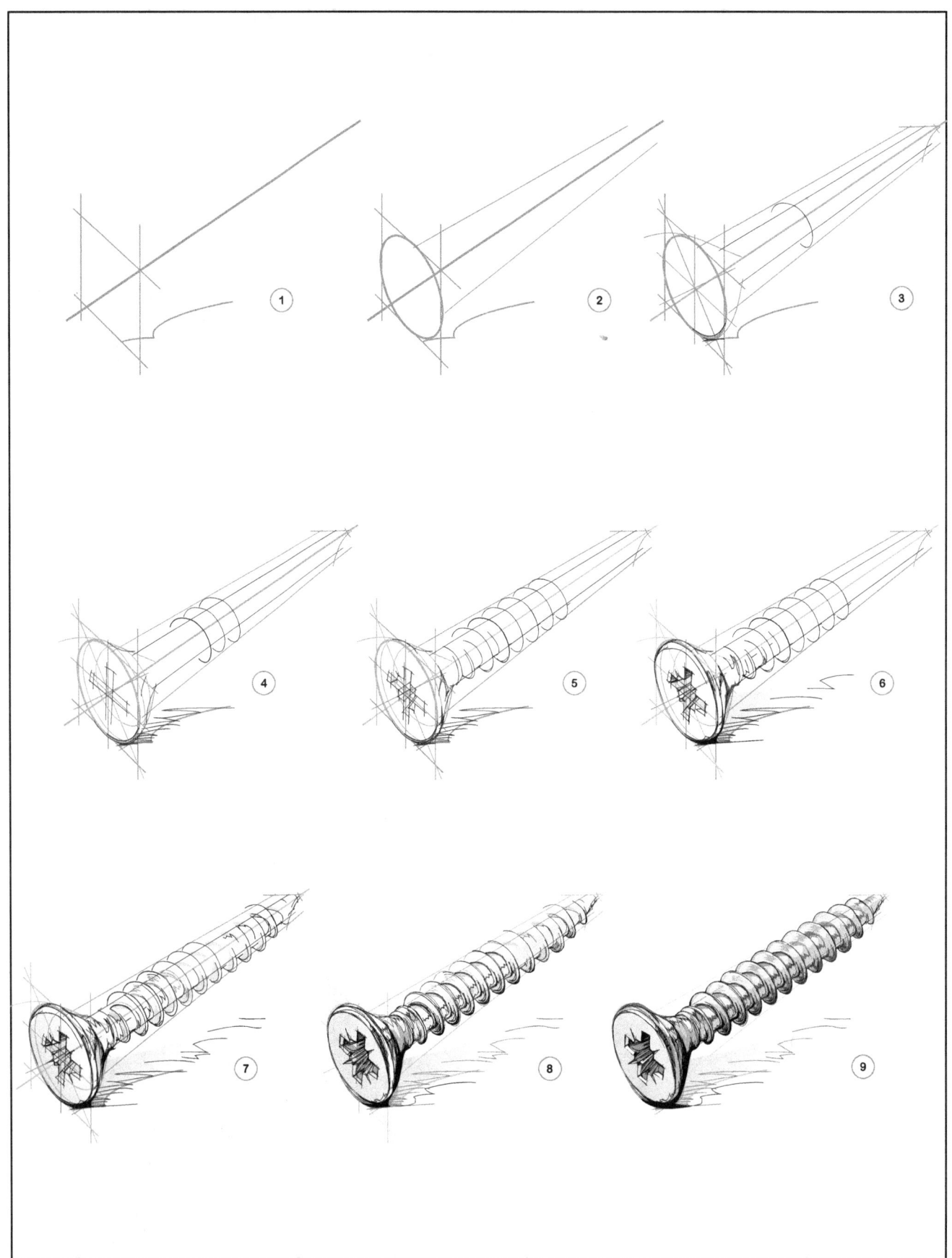

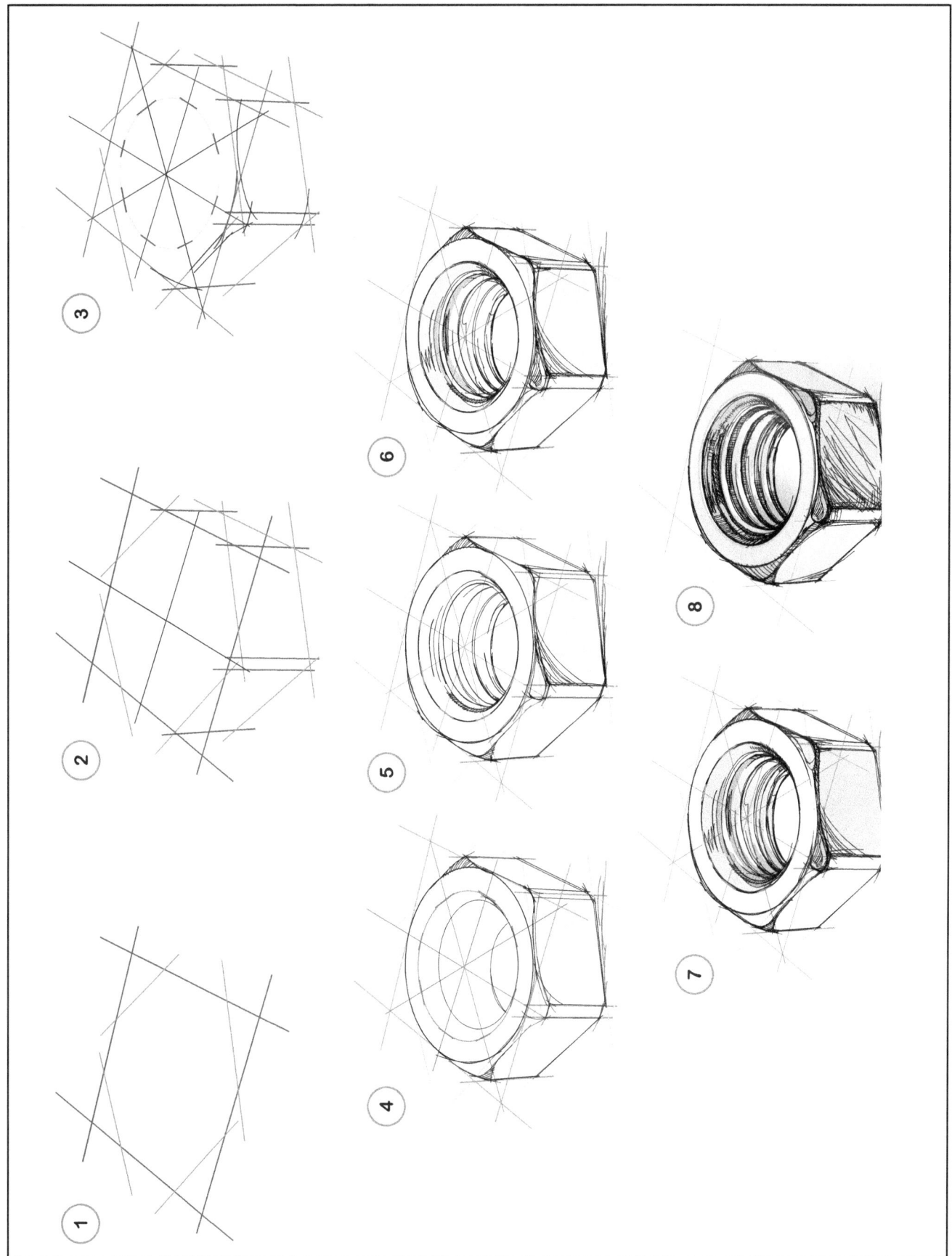

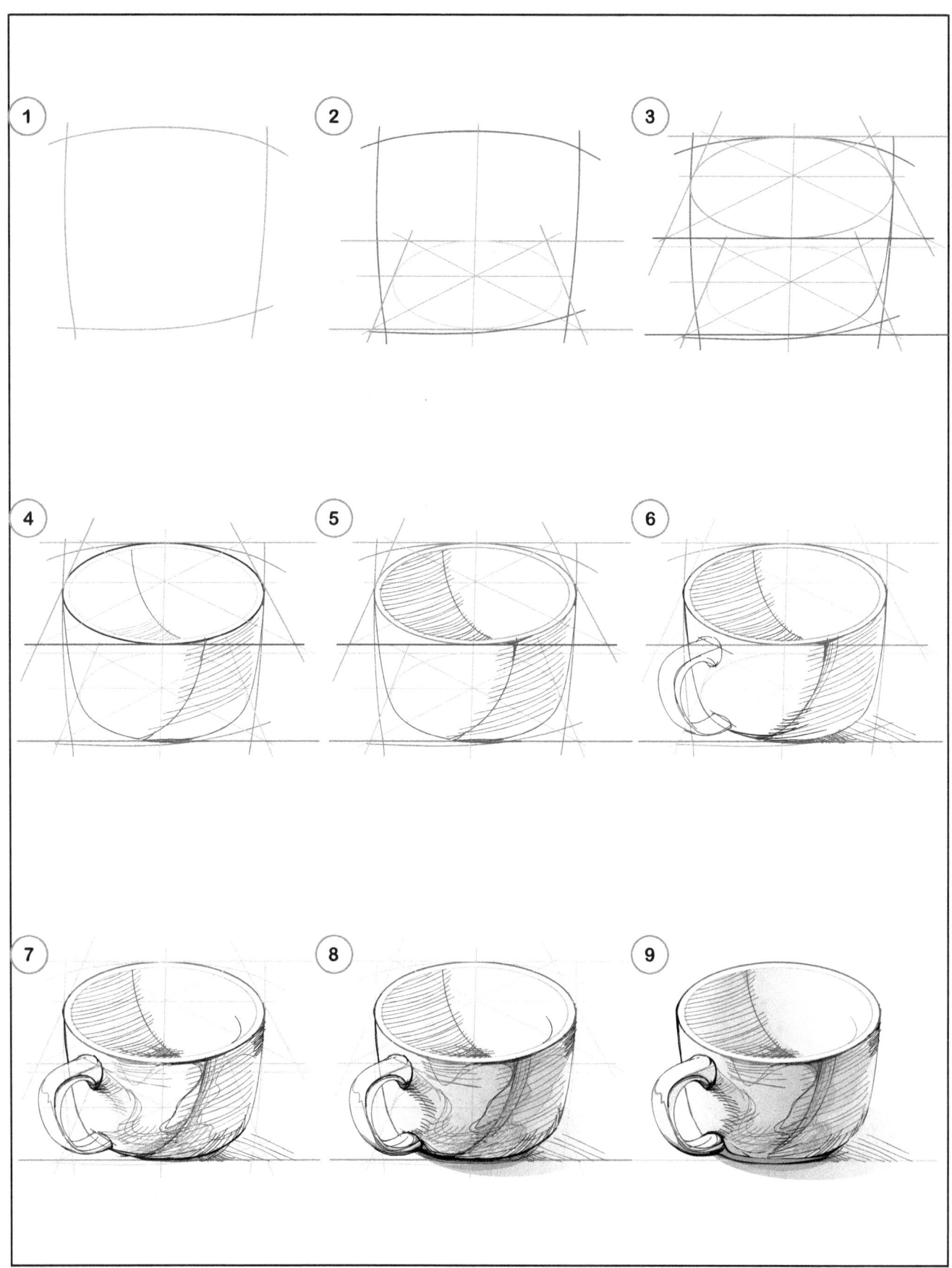

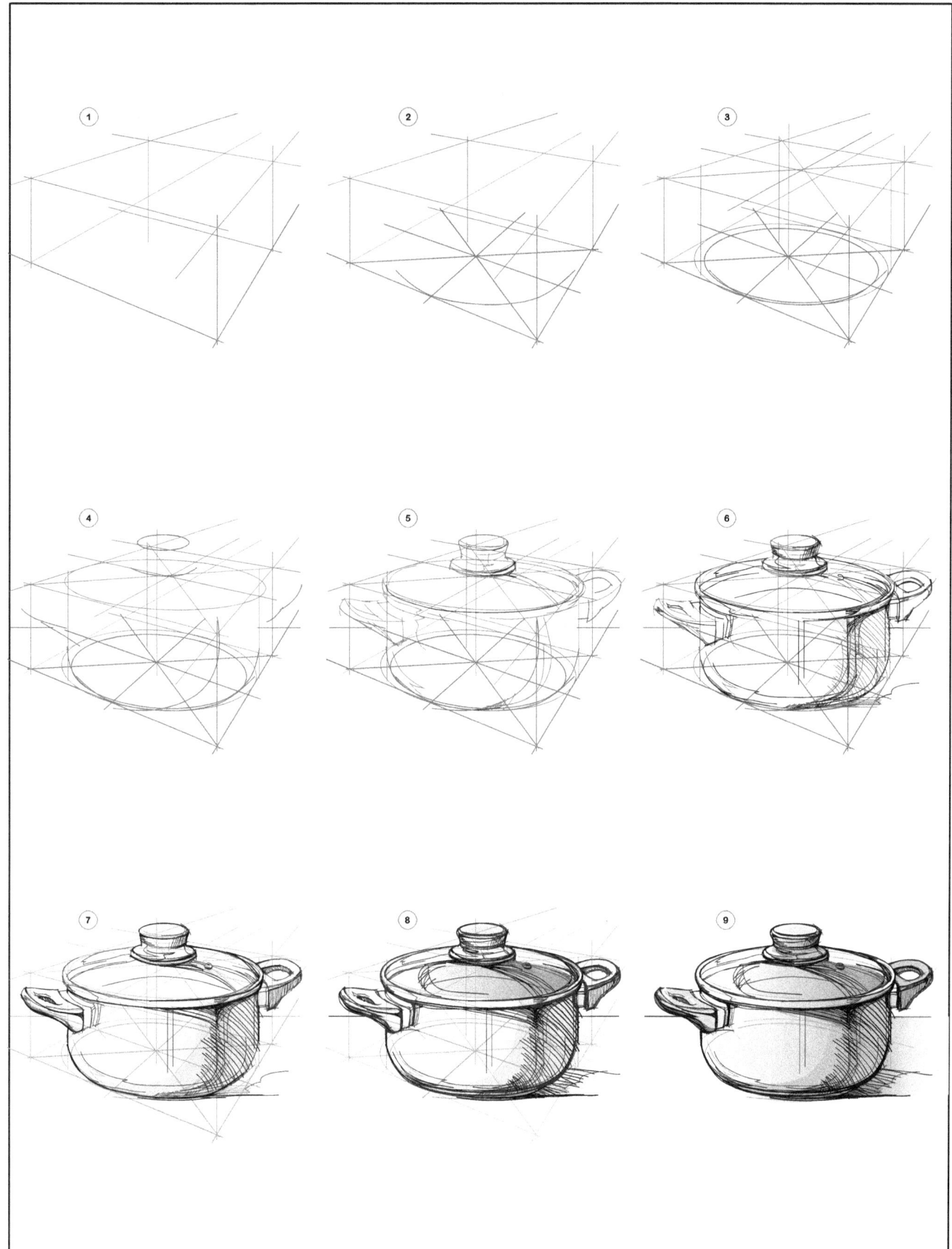

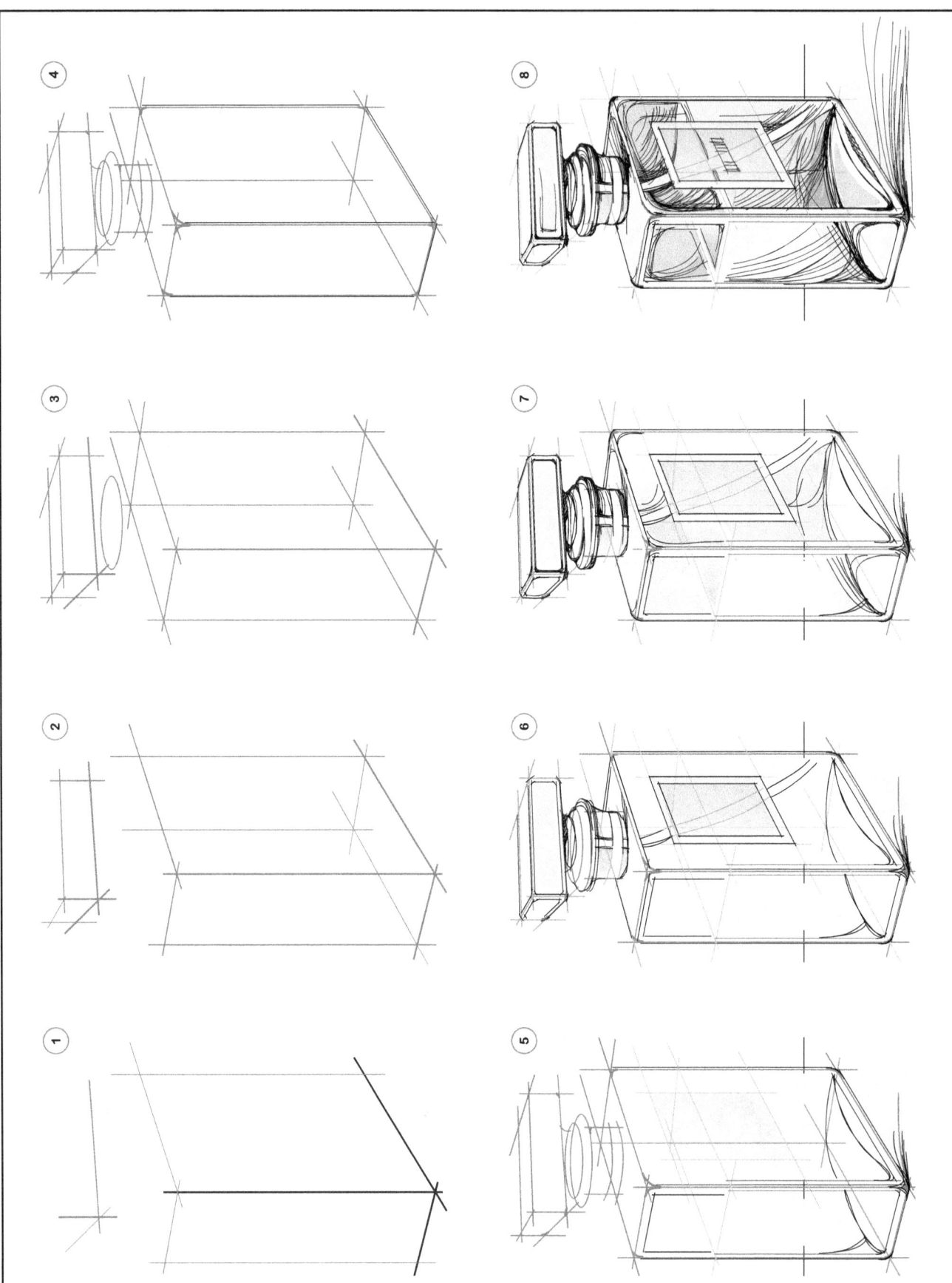

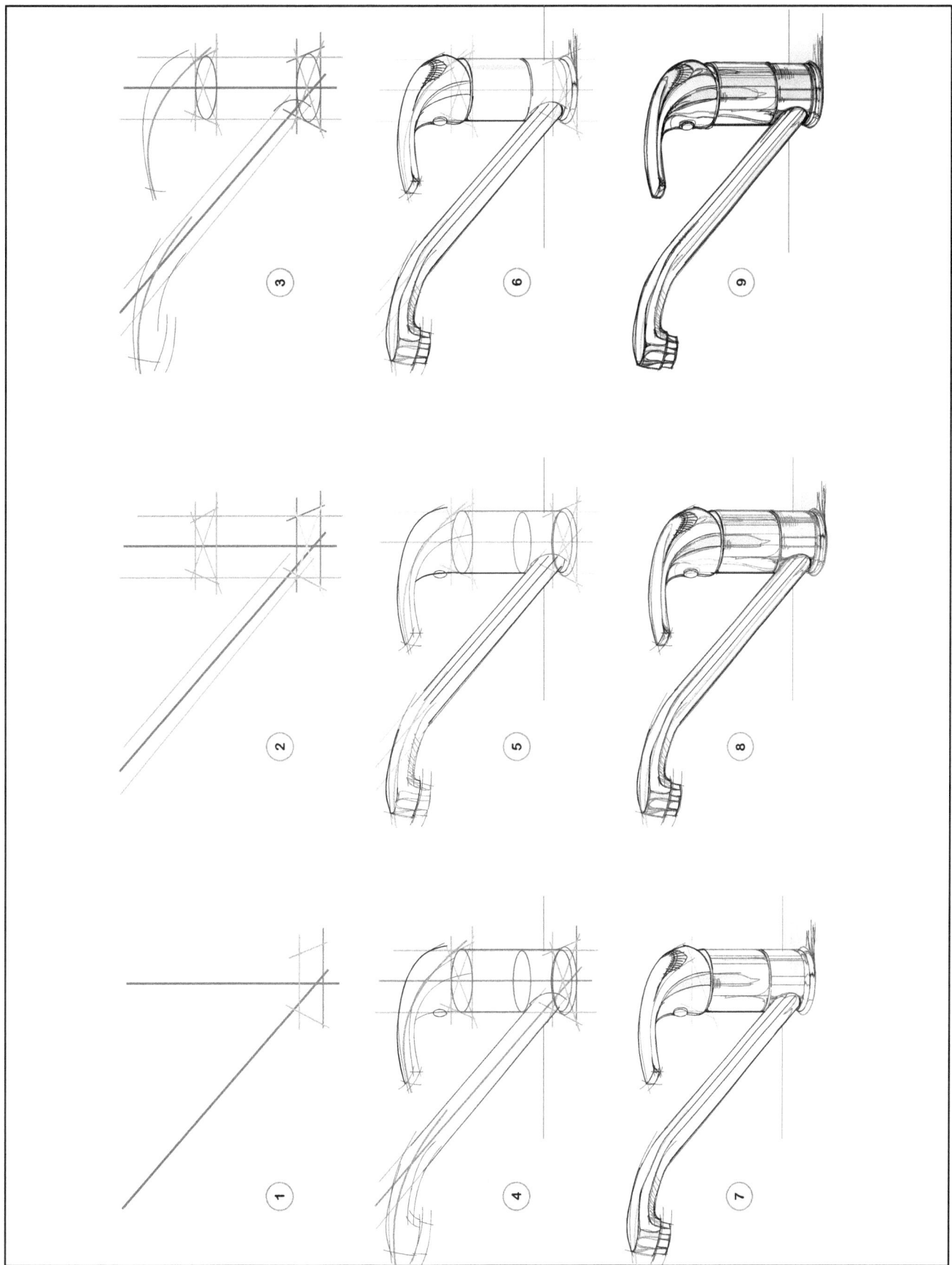

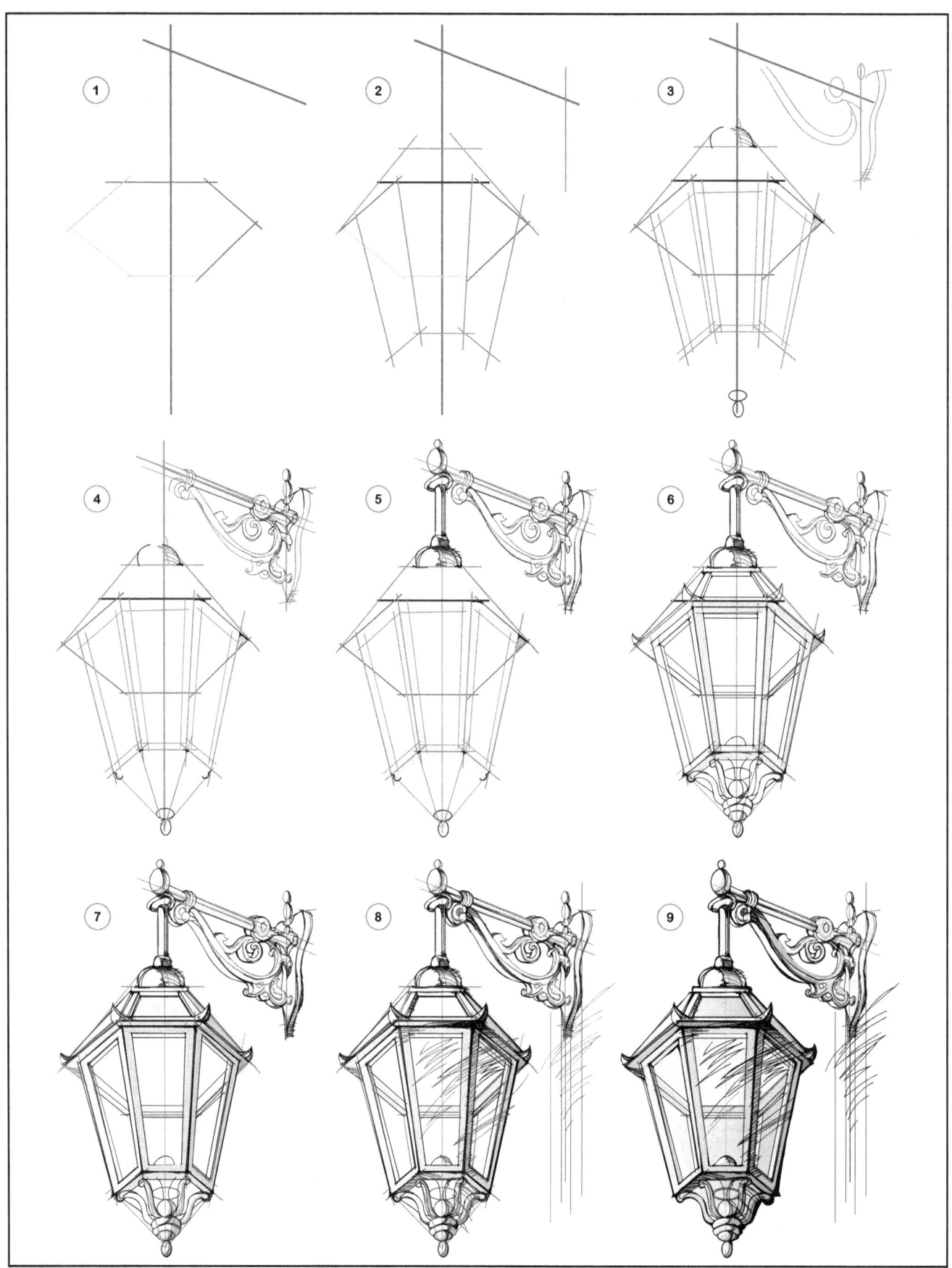

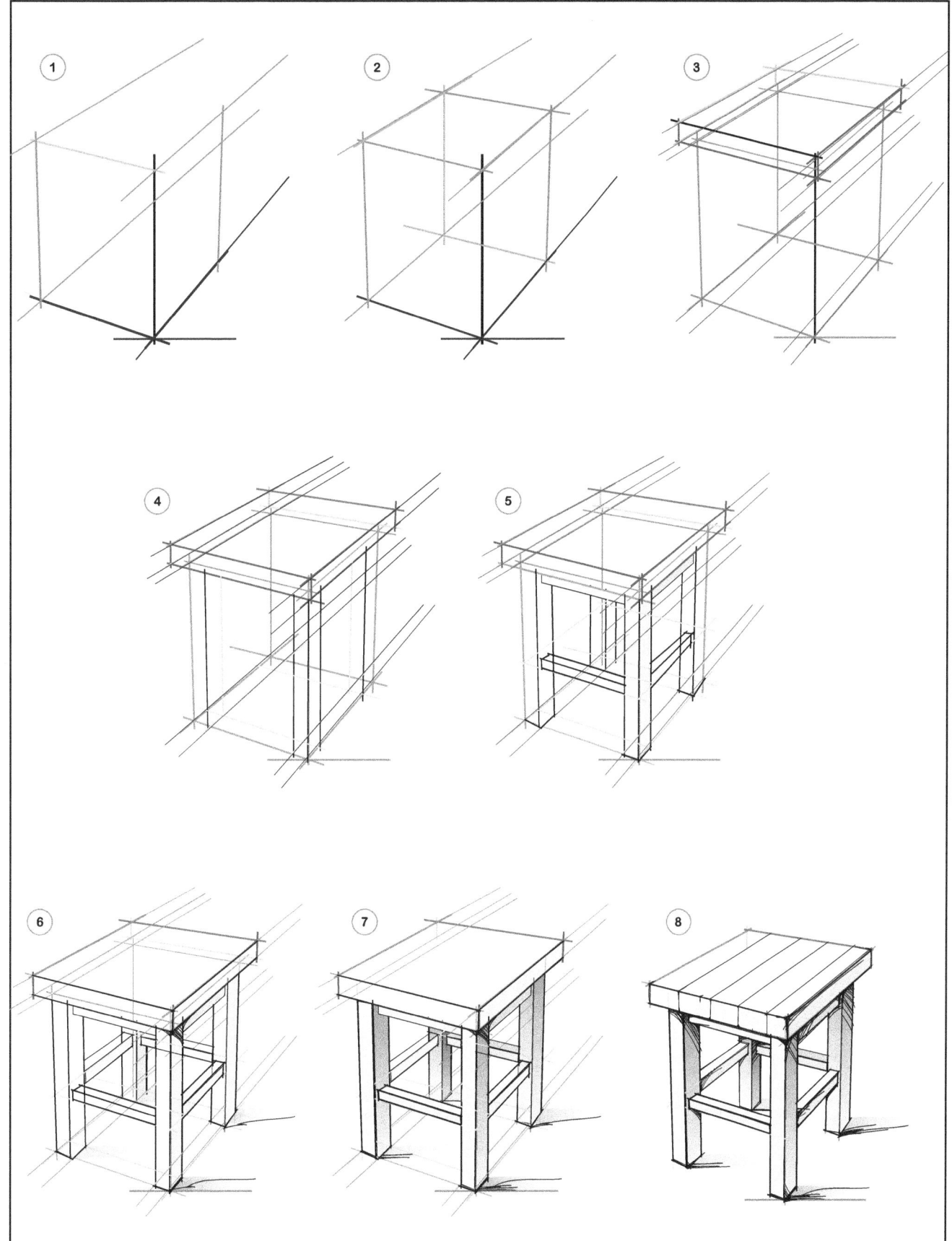

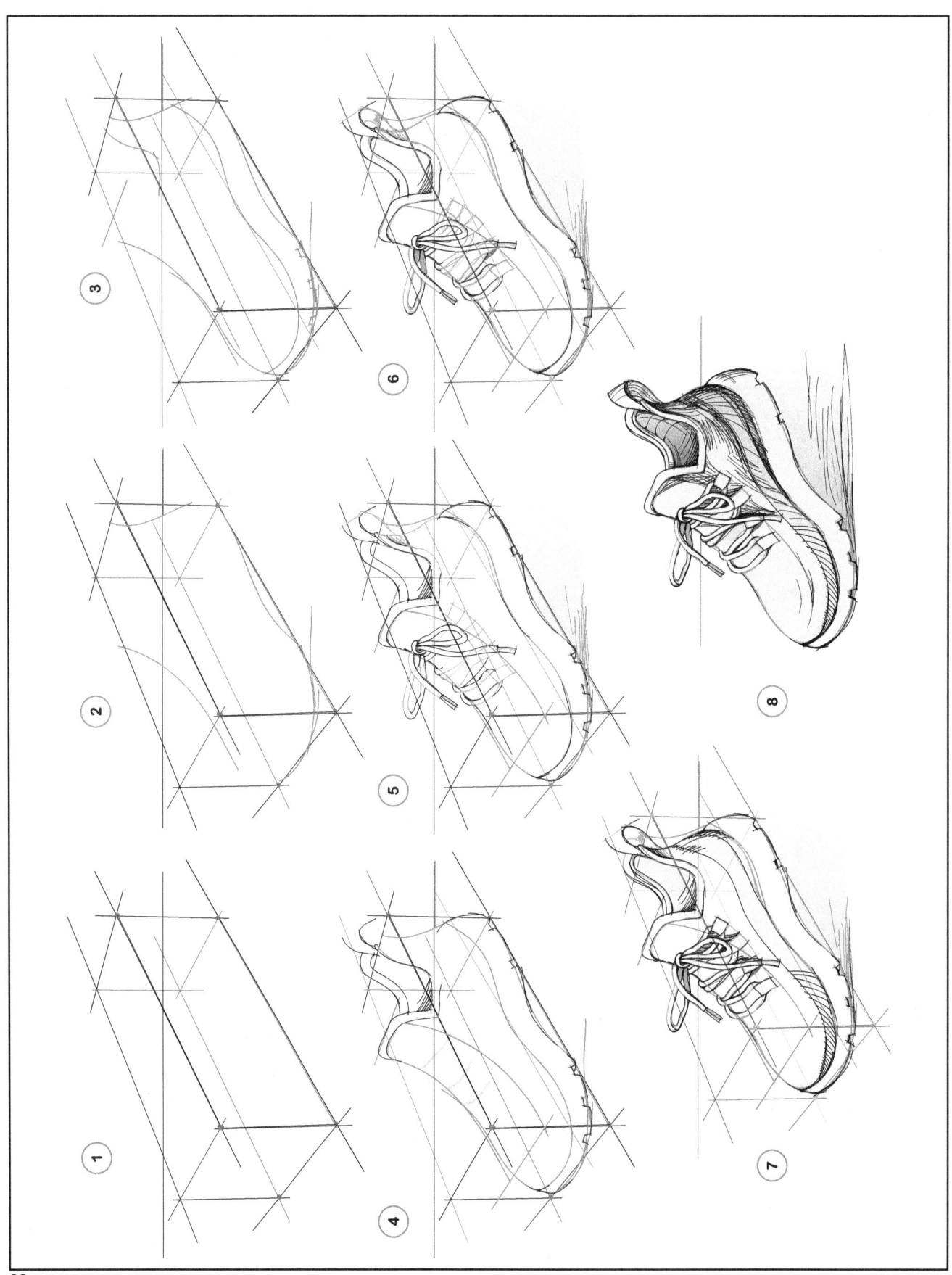

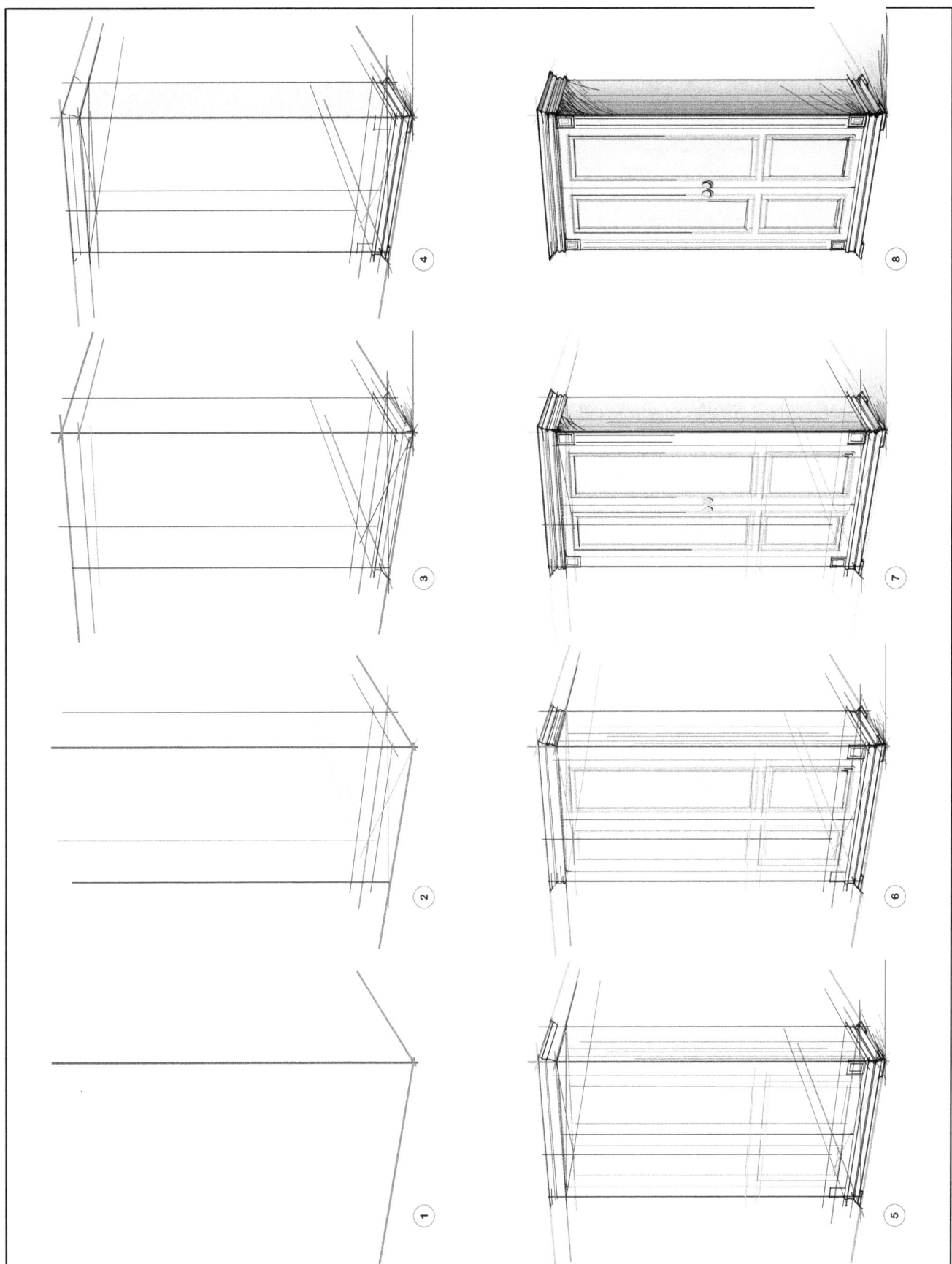

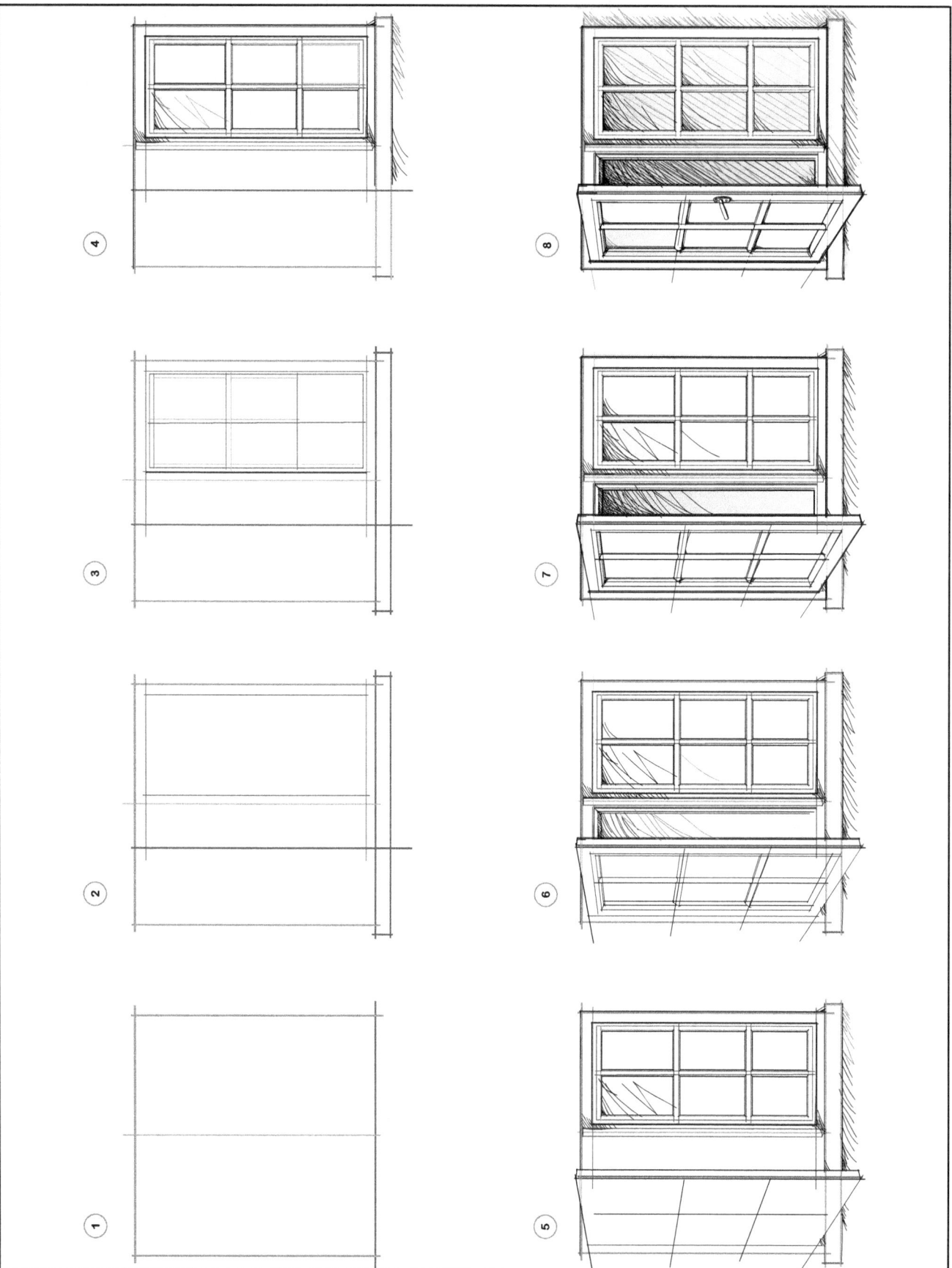

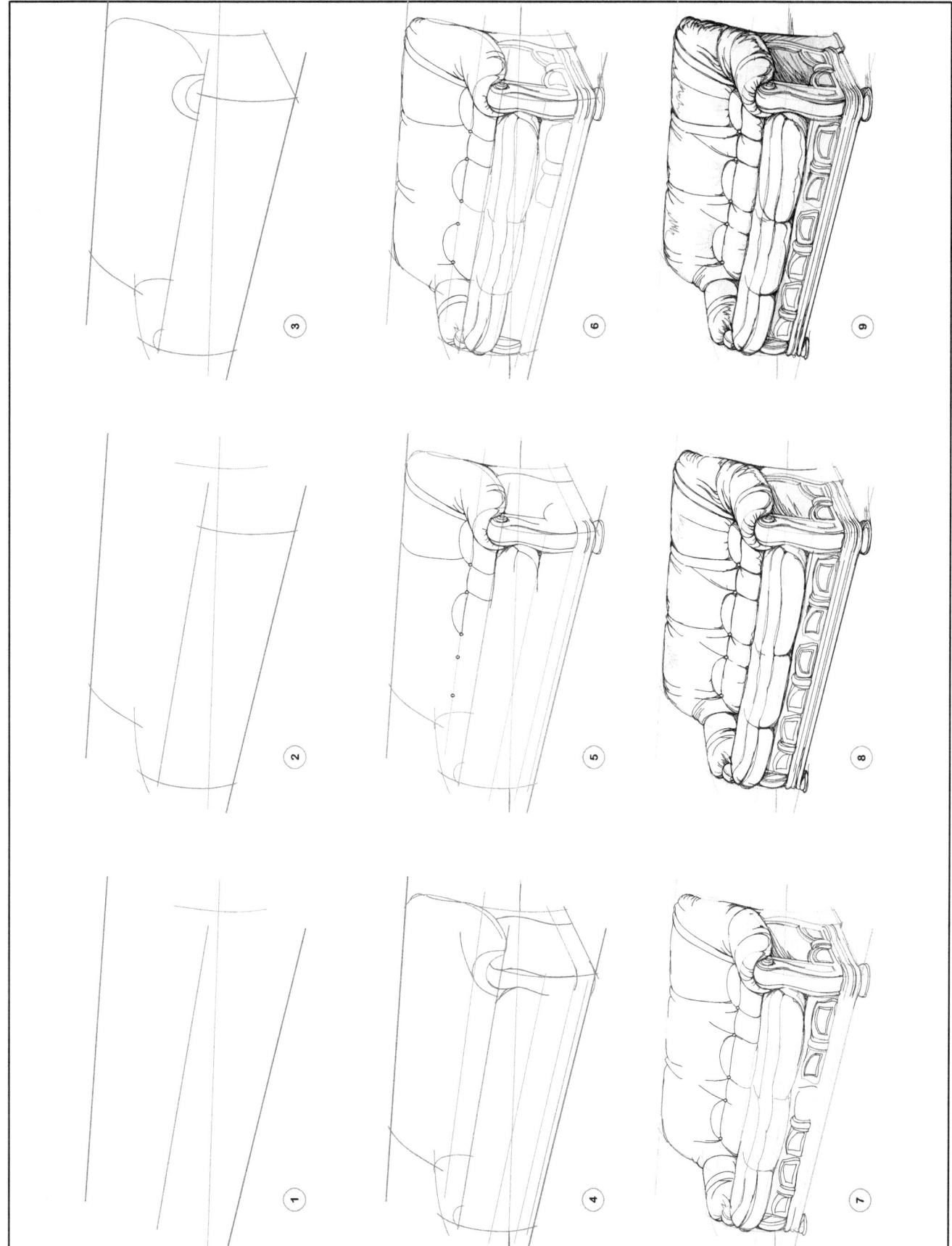

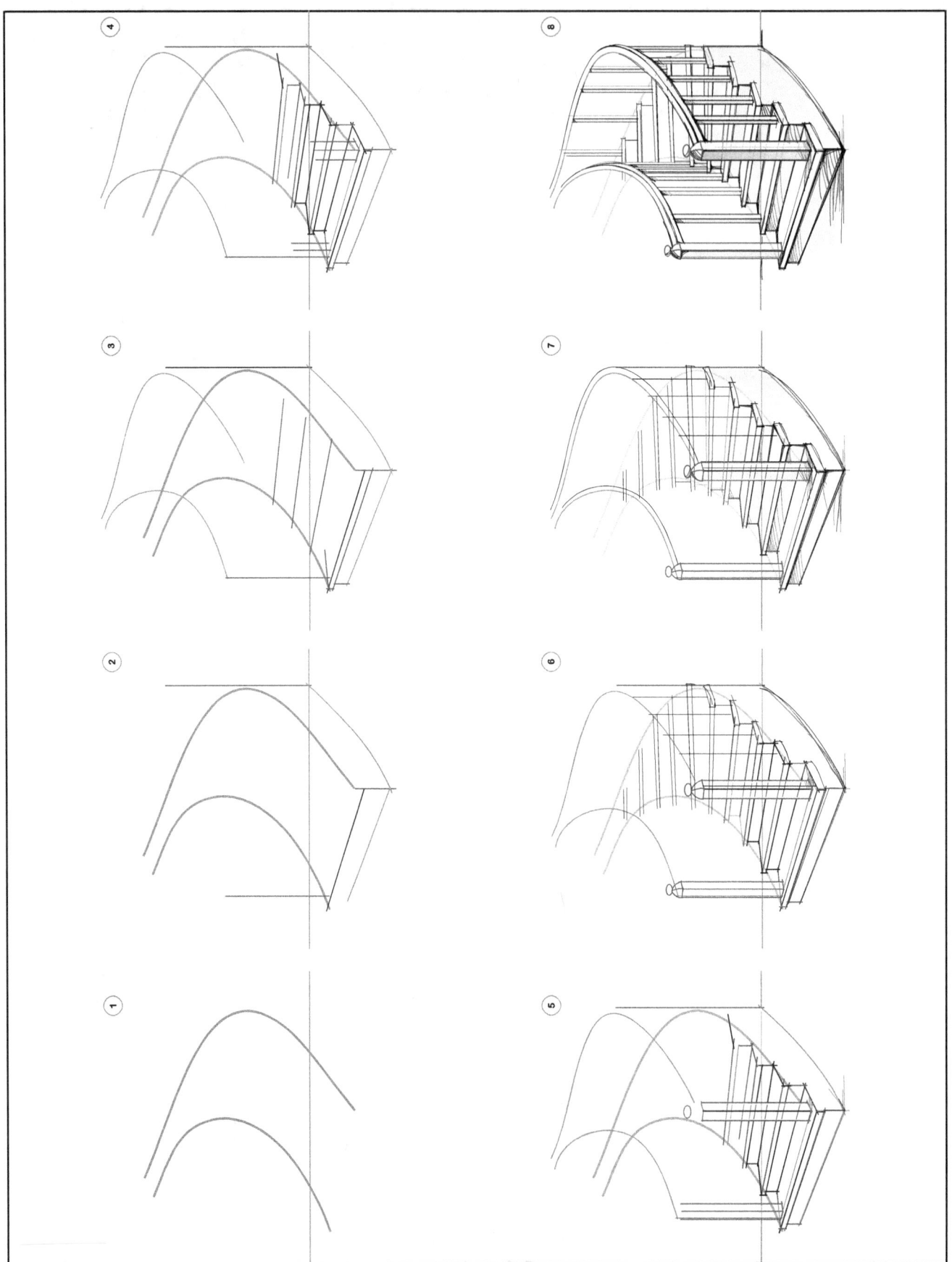

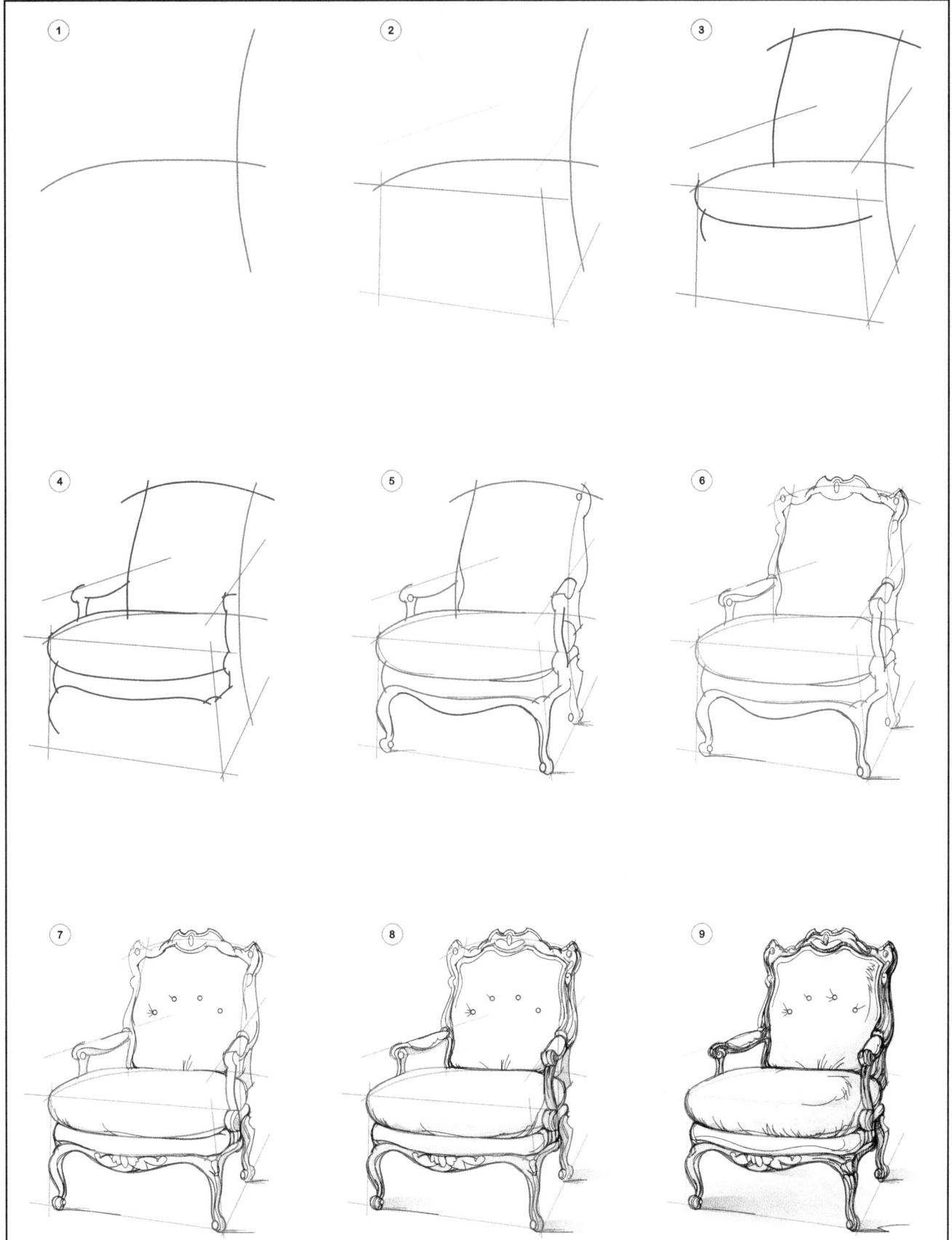

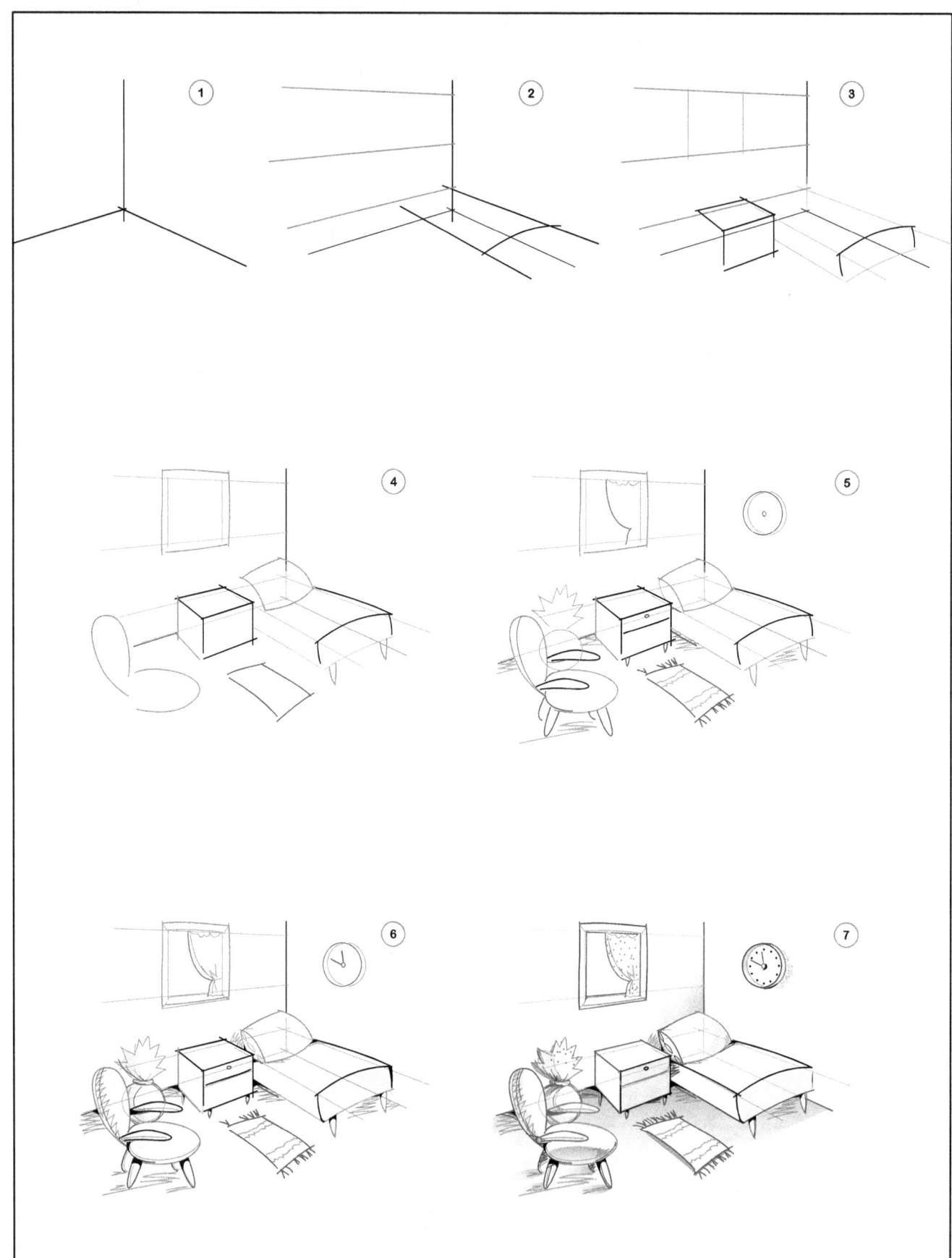

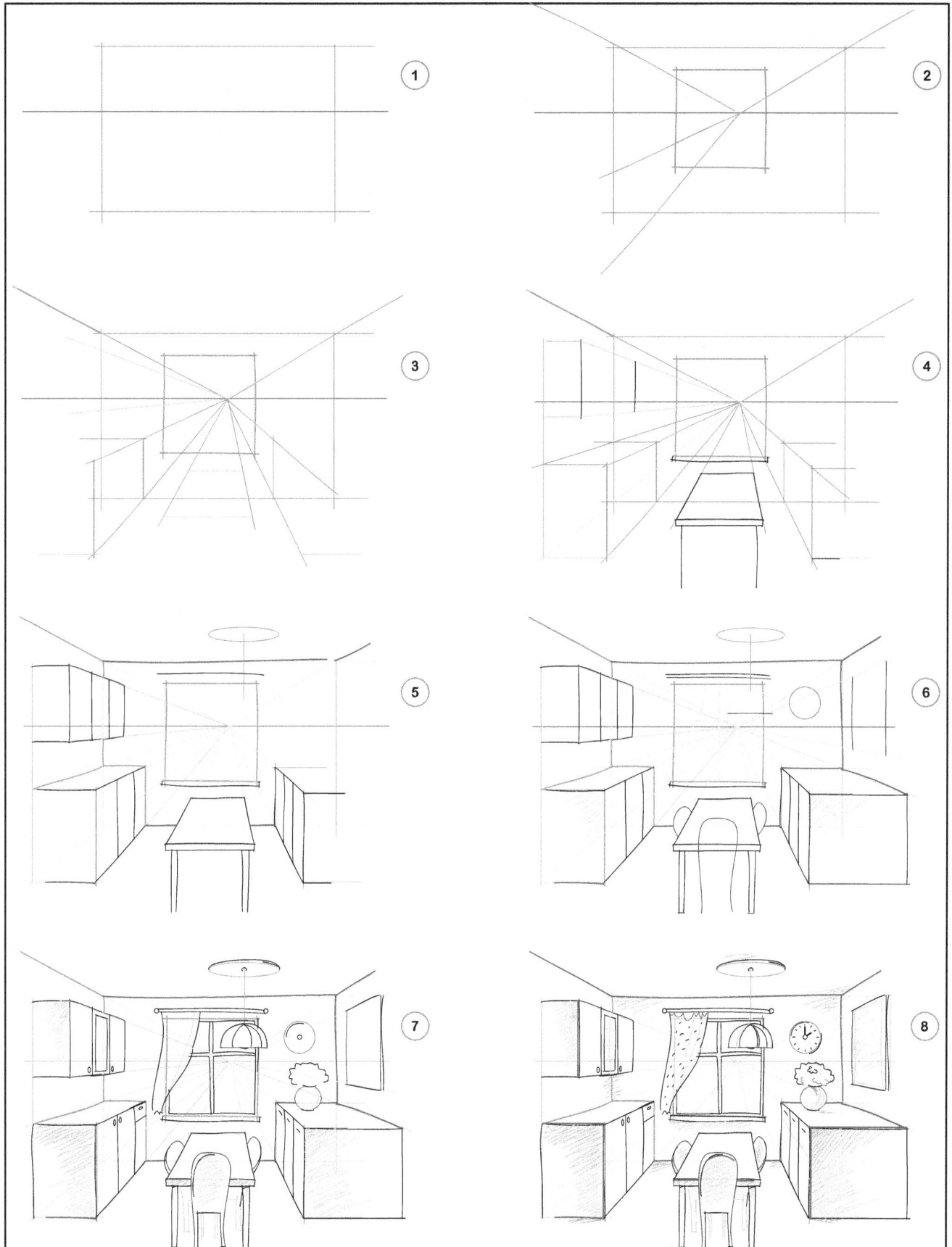

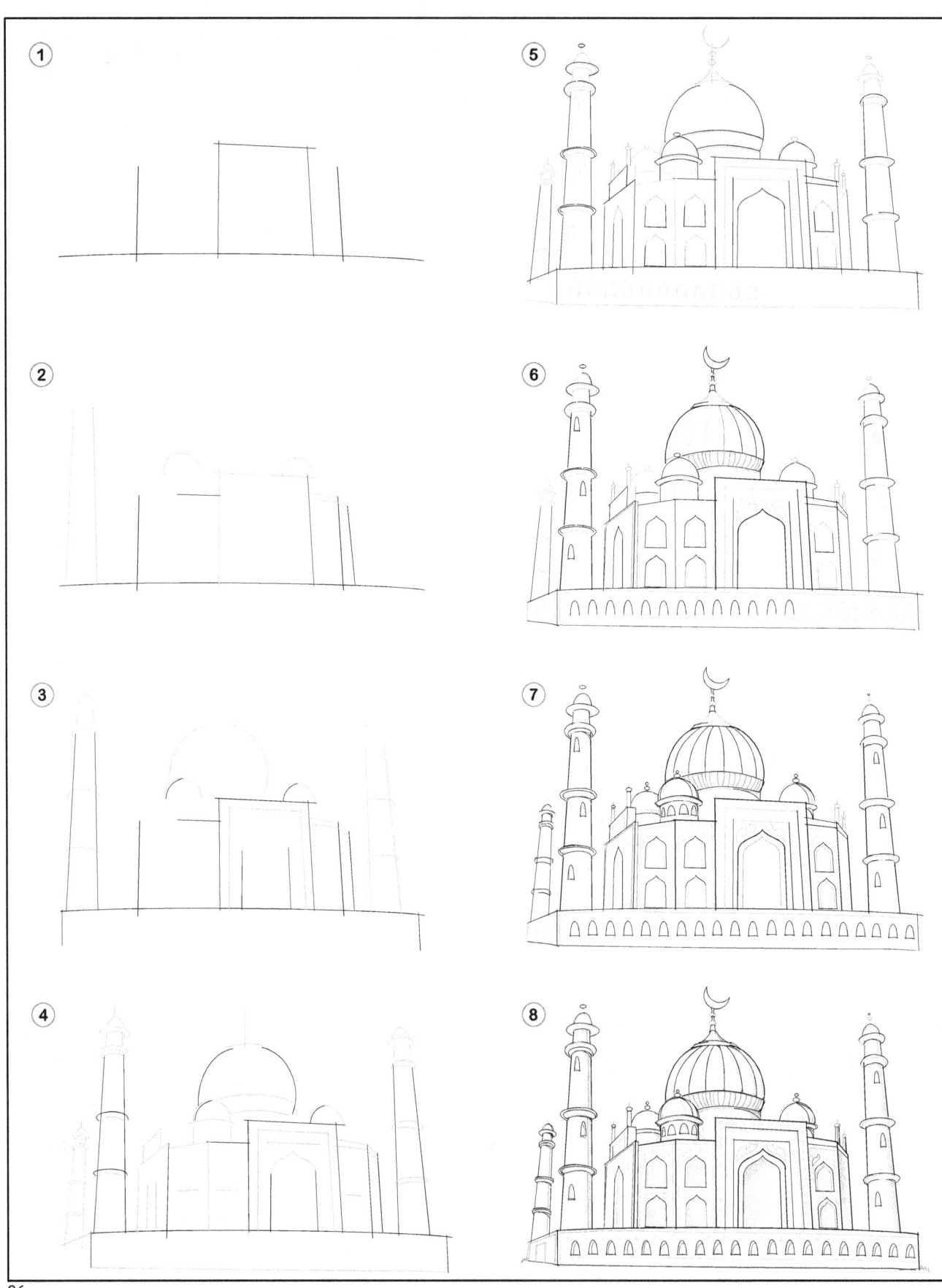

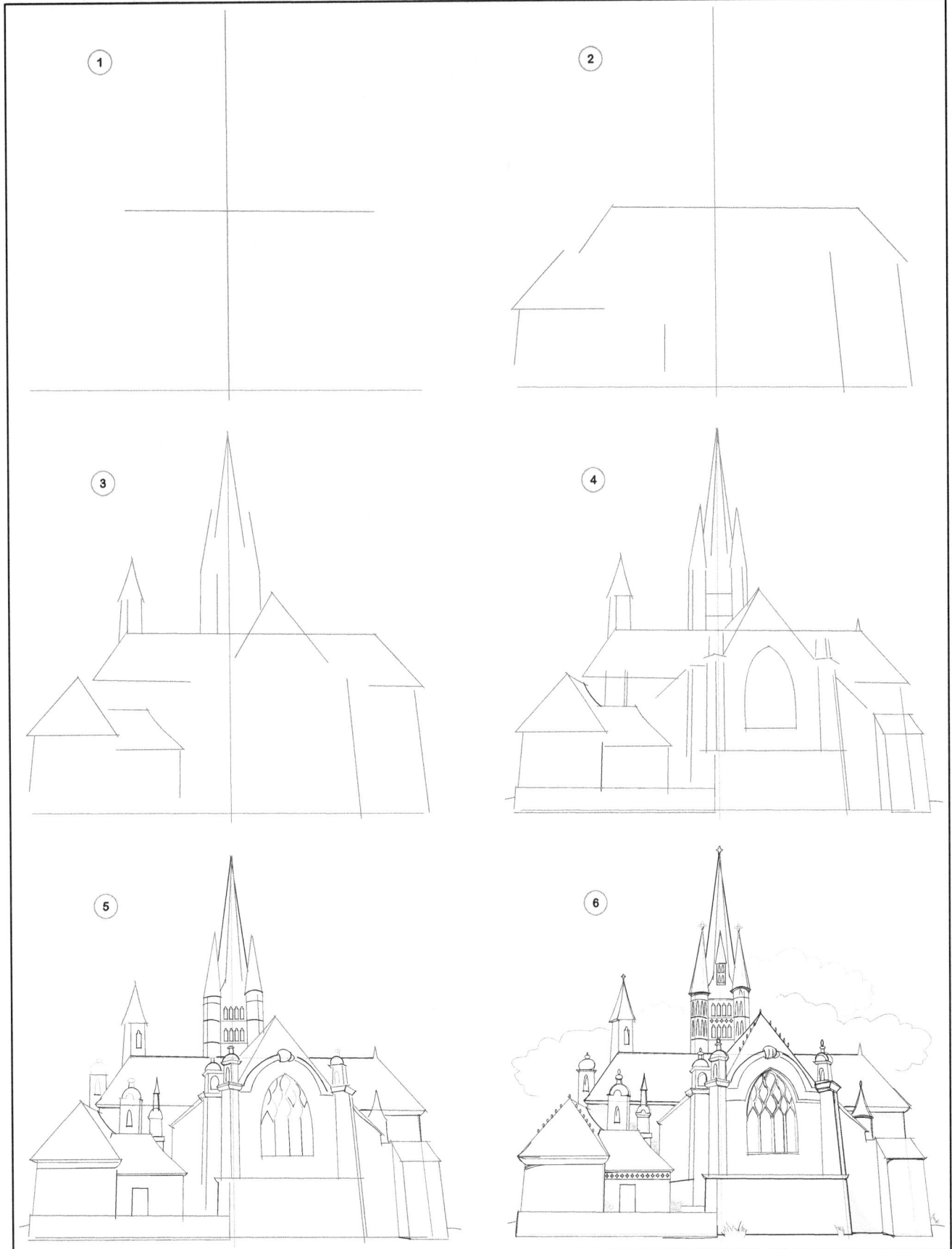

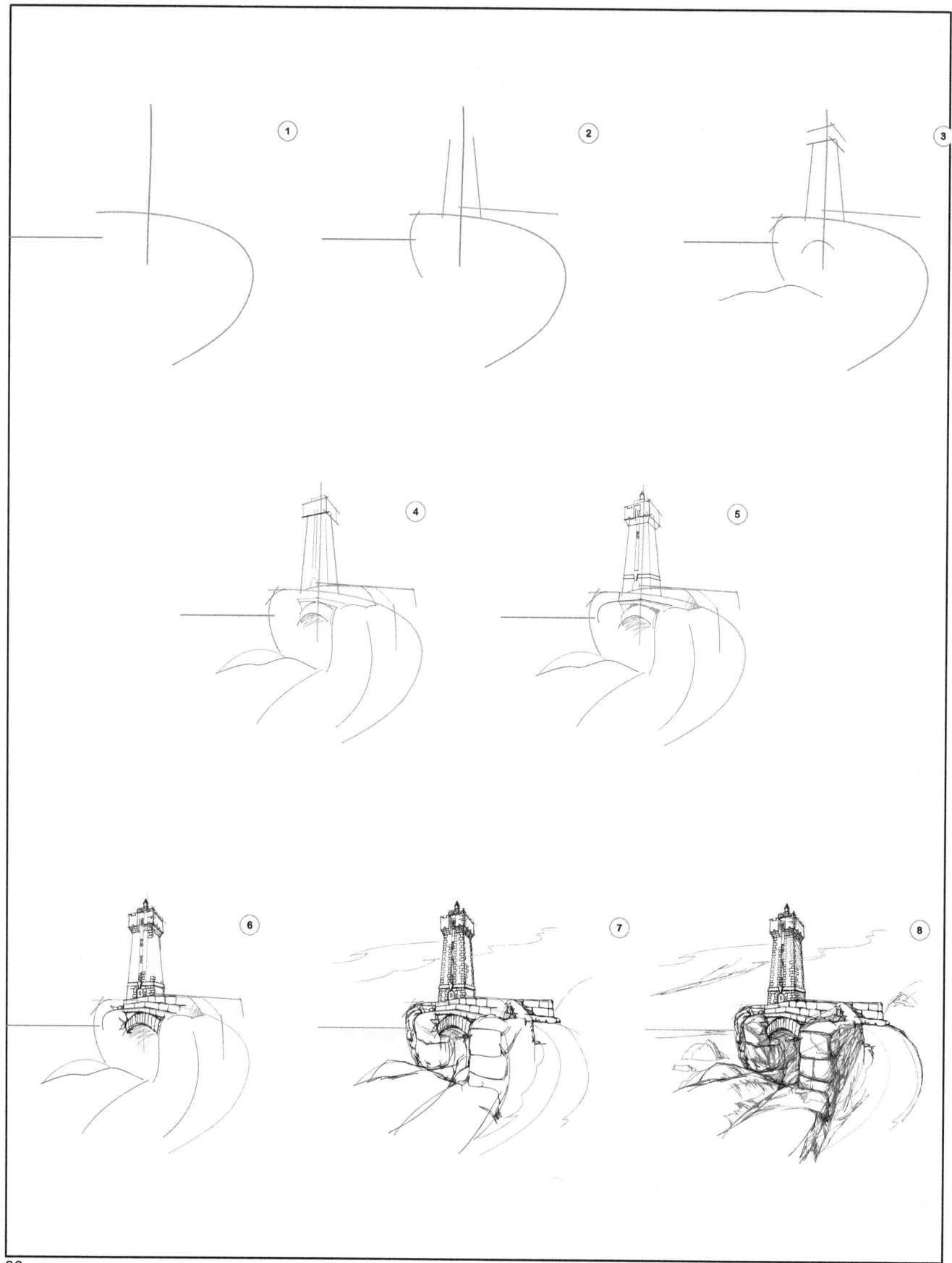

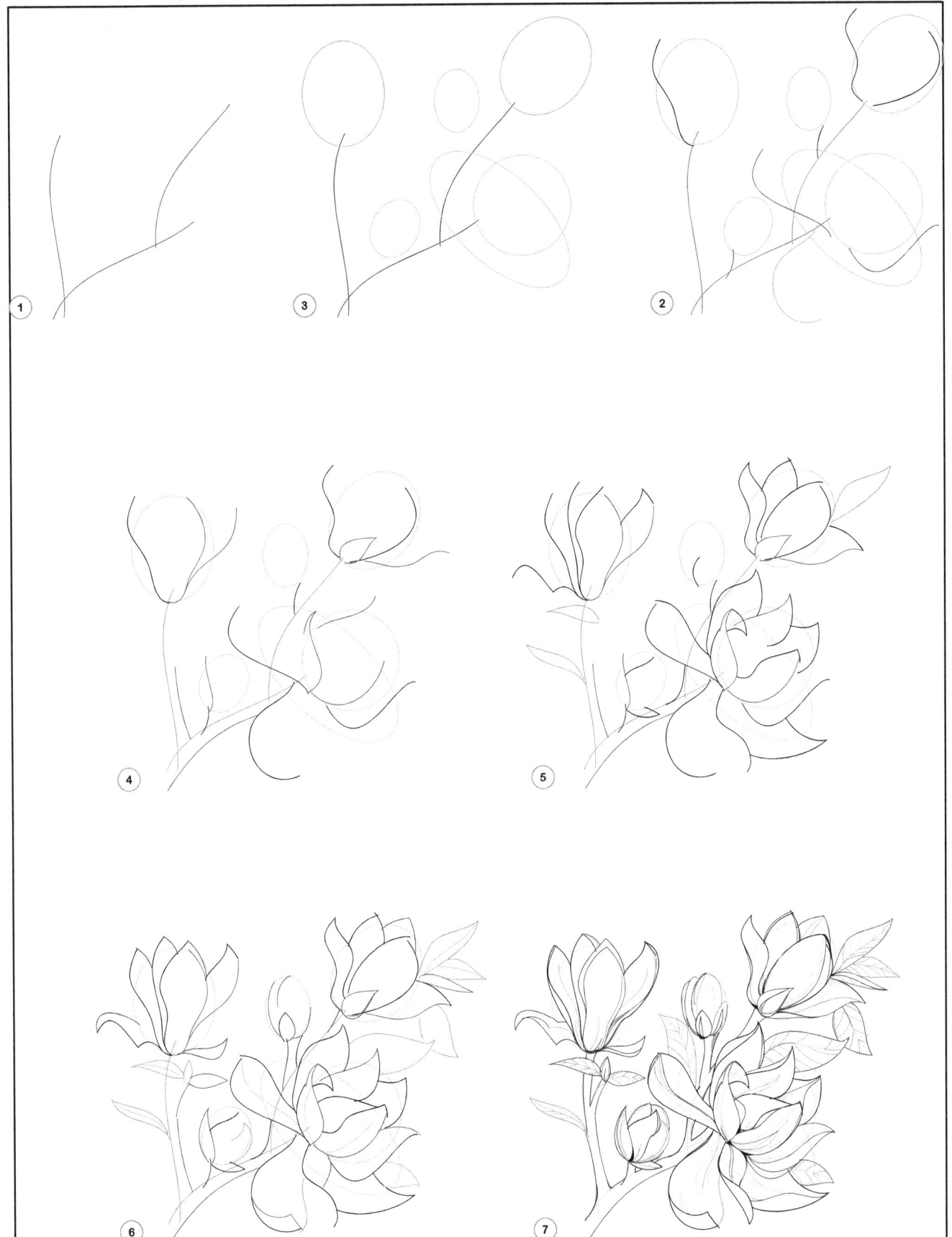

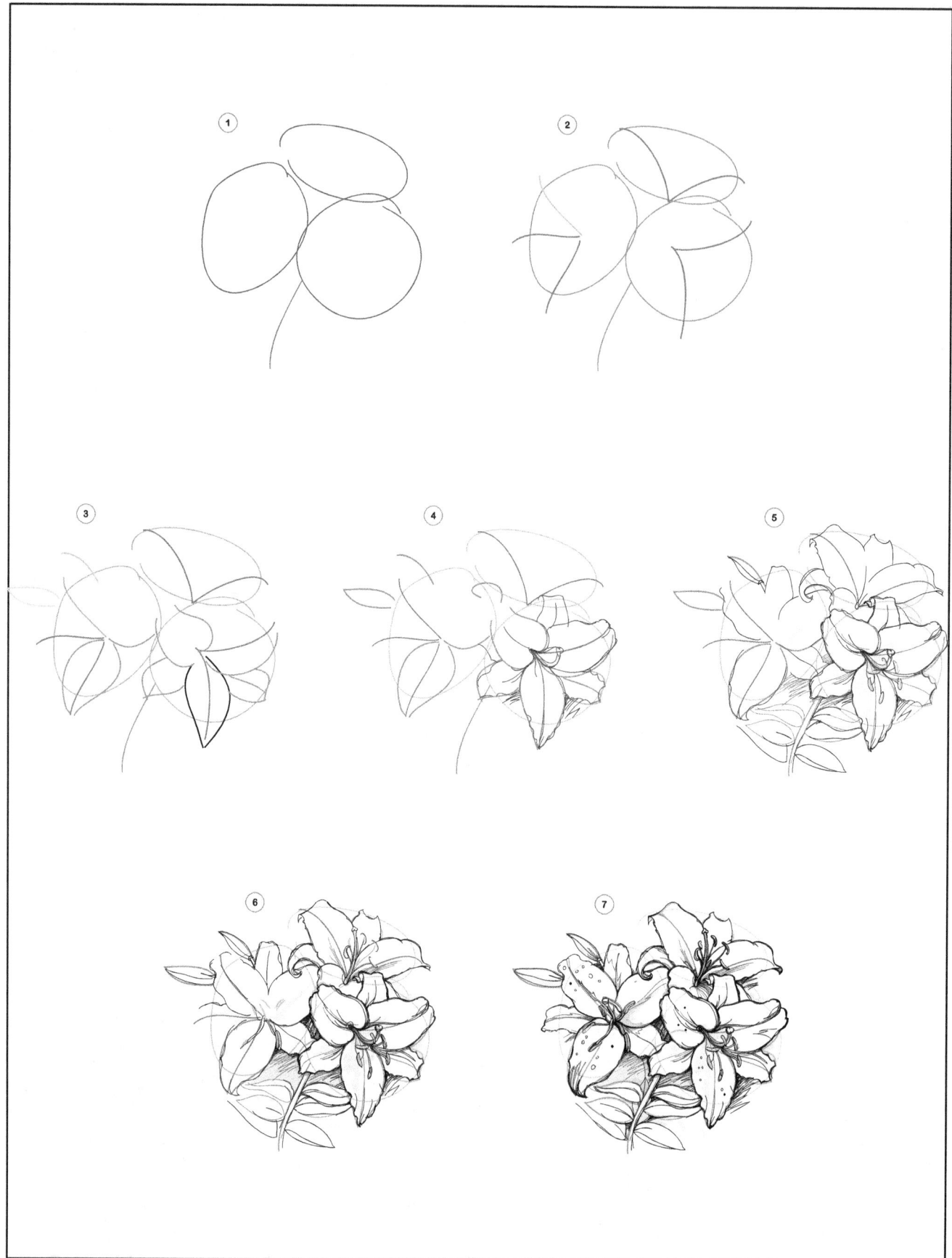

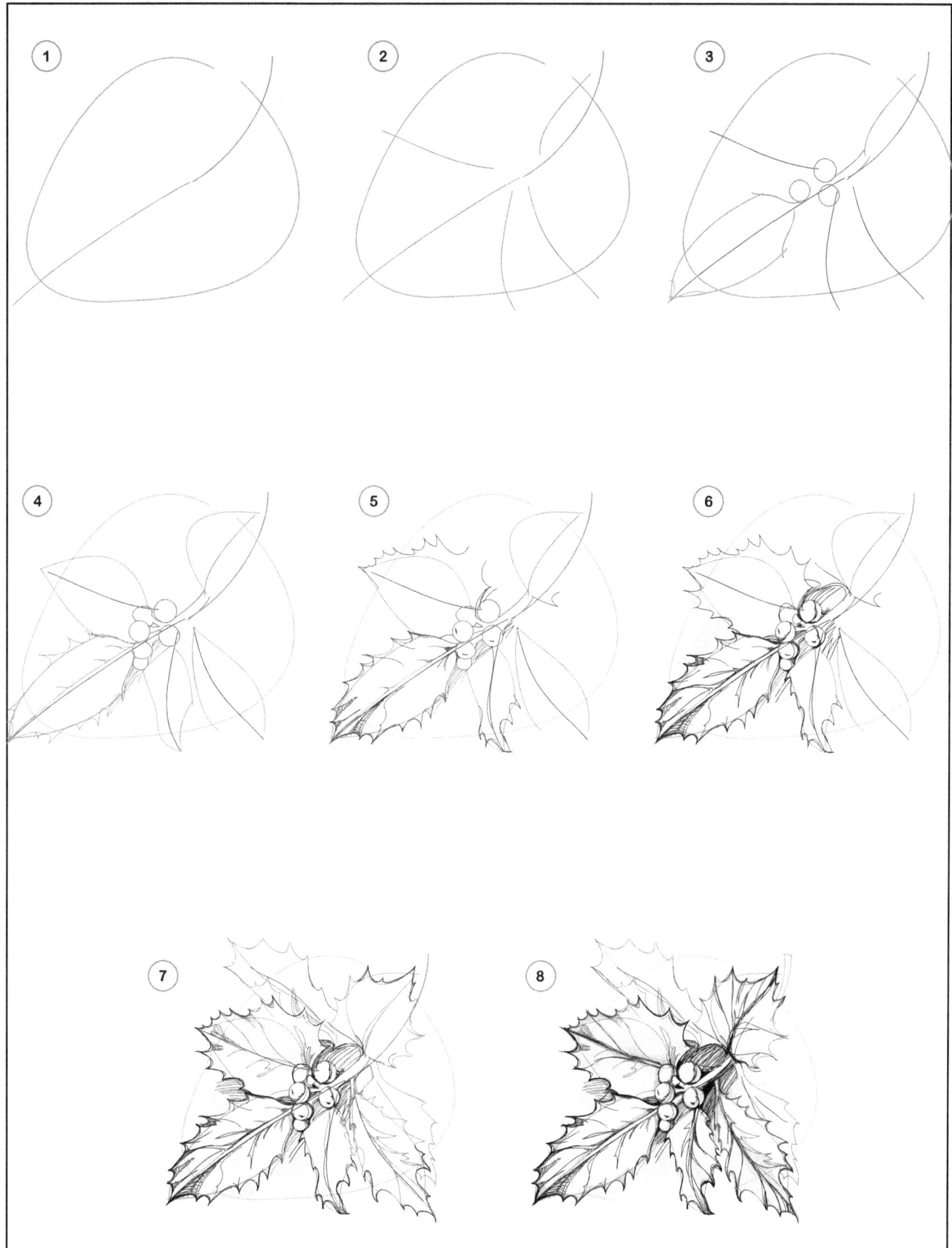

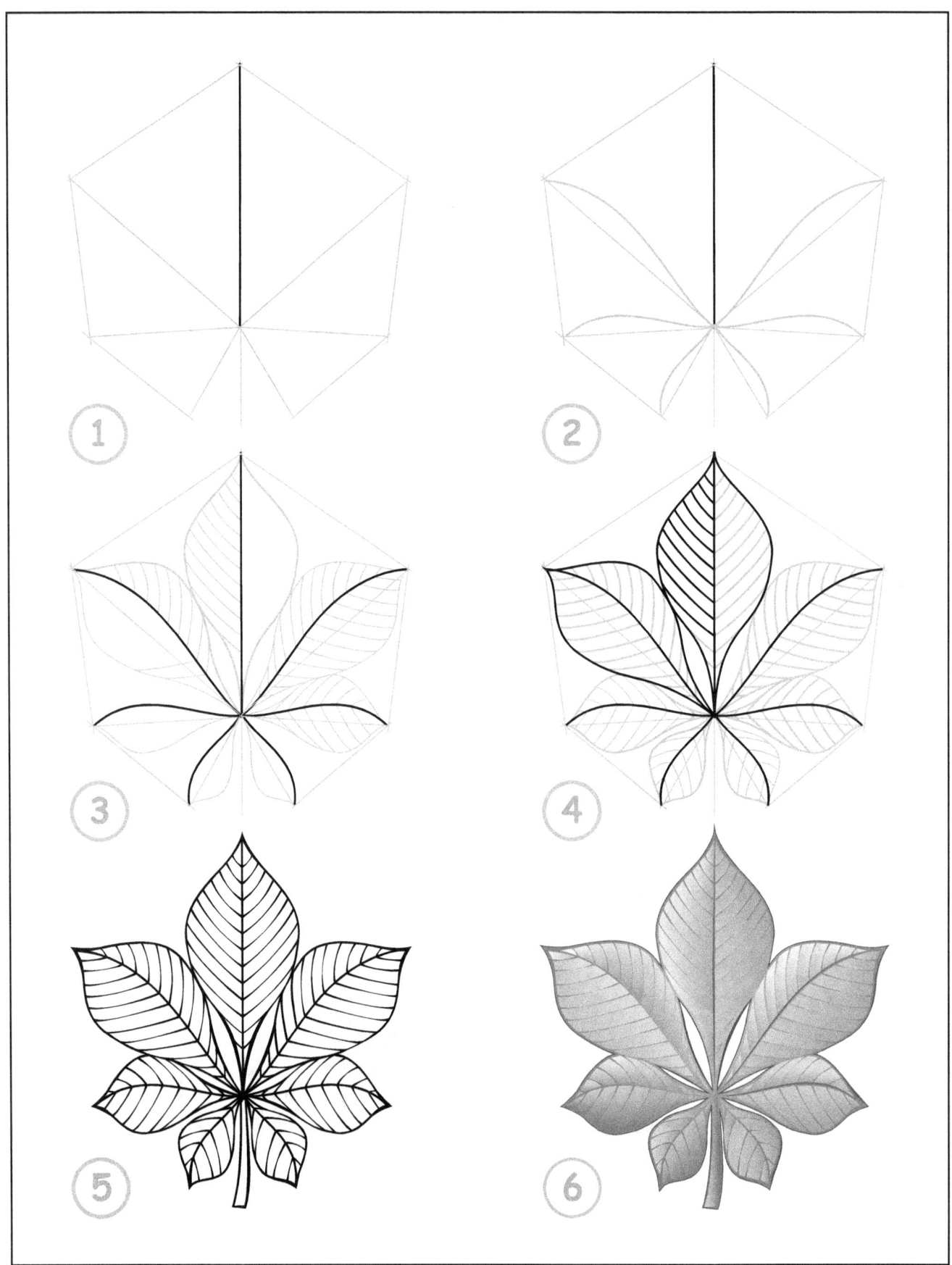

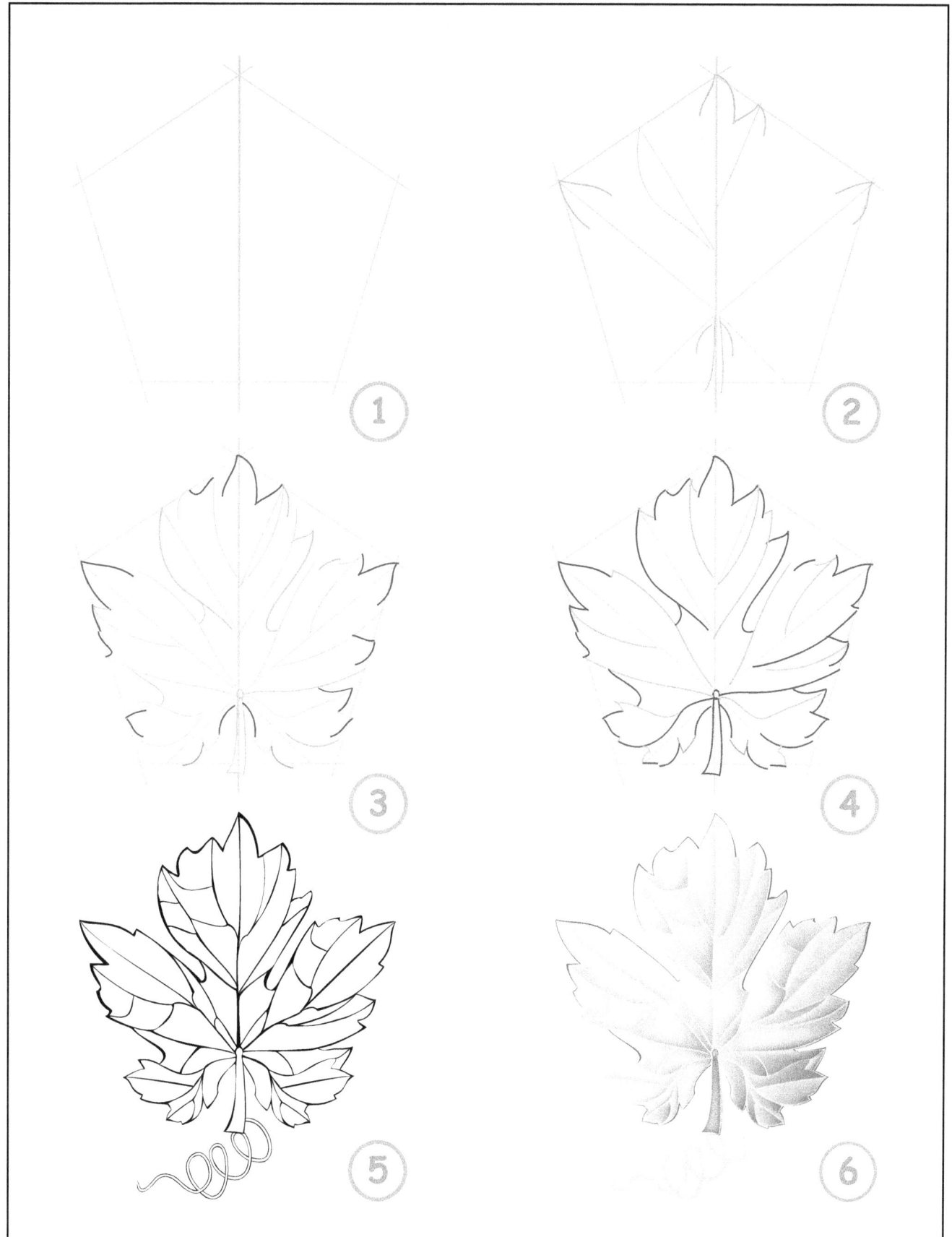

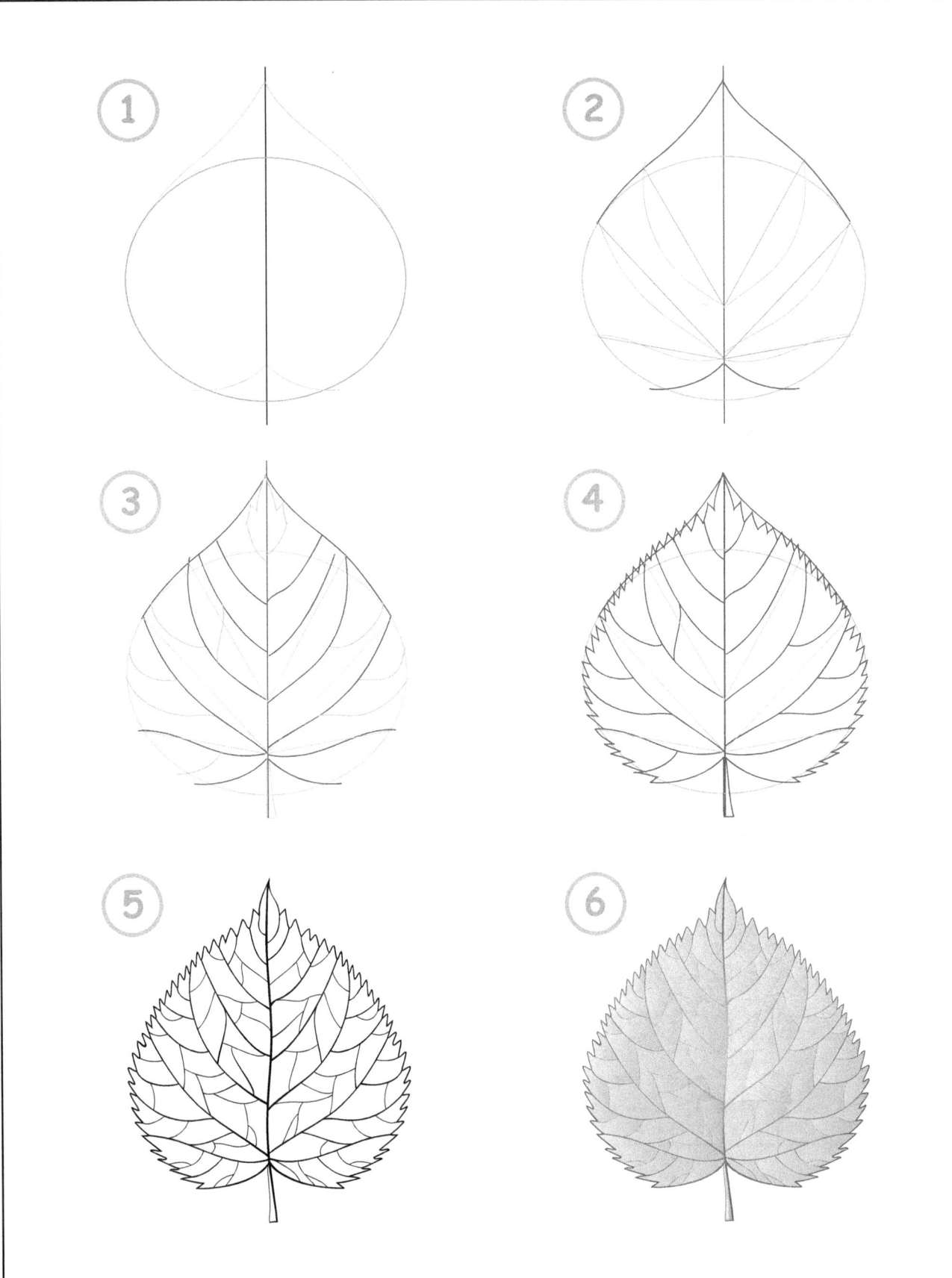

www.ingramcontent.com/pod-product-compliance
Lightning Source LLC
Chambersburg PA
CBHW062220220526
45471CB00009B/3286